GRAMMAIRE PRATIQUE

ET CONVERSATIONS FAMILIÈRES

A L'USAGE DES ÉLÈVES SOURDS-MUETS DE TROISIÈME ANNÉE

PARIS. — TYPOGRAPHIE DE CH. MEYRUEIS ET Cie
RUE DES GRÈS, 11

GRAMMAIRE PRATIQUE

ET

CONVERSATIONS FAMILIÈRES

A L'USAGE

DES ÉLÈVES SOURDS-MUETS DE TROISIÈME ANNÉE

PAR

V.-G. CHAMBELLAN

PROFESSEUR SOURD-MUET A L'INSTITUTION IMPÉRIALE DE PARIS

> En rendant l'enfant sourd-muet maître des signes éternels de la pensée, on comblera l'attente des familles; bien plus, on enrichira l'humanité.
> *(Extrait du discours de l'auteur, prononcé, en 1858, à la distribution des prix de l'Institution impériale de Bordeaux.)*

PARIS

CHEZ L'AUTEUR, ROUTE D'ORLÉANS, 65,

ET A LA LIBRAIRIE HACHETTE, BOULEVARD SAINT-GERMAIN, 77.

1862

En publiant cette seconde partie de ma Grammaire pratique, *qu'il me soit permis de me prévaloir de l'avis émis par Son Excellence Monsieur le Ministre de l'intérieur, dans la lettre ci-jointe, sur l'utilité de livres classiques à l'usage des sourds-muets :*

MINISTÈRE
DE L'INTÉRIEUR.

INSTITUTION IMPÉRIALE
DES SOURDS-MUETS.

Paris, le 17 juillet 1862.

Monsieur,

J'ai reçu, avec votre lettre du 10 de ce mois, deux exemplaires de la *Grammaire pratique à l'usage des élèves sourds-muets de deuxième année d'études*, que vous venez de publier.

Je vous remercie de l'envoi de cet ouvrage que j'ai parcouru avec intérêt. Il m'a paru que la publication de petits livres analogues procurerait une économie de temps aux professeurs et aux élèves, en même temps qu'elle donnerait à ces derniers la possibilité de compléter les indications souvent insuffisantes qu'ils ont pu recueillir, ou qu'ils ont retenues après chaque leçon. A ce double point de vue, votre tentative mérite les encouragements de l'administration.

Recevez, Monsieur, l'assurance de ma considération.

Pour le Ministre,
Le conseiller d'Etat, directeur général,
THUILLIER.

Devant ce témoignage de haute bienveillance, pourquoi ne ferais-je pas aussi imprimer le cours de troisième année, dont je suis actuellement chargé? Le but que je me suis proposé ne serait rempli qu'à demi. Les deux cours sont tellement liés l'un à l'autre que celui-ci est le complément essentiel du premier. Et du moment qu'ils sont bien compris tous deux du jeune sourd-muet, les obstacles qui tenaient son intelligence captive et engourdie, tombent d'eux-mêmes.

Mais, pour obtenir ce résultat, il ne suffit pas que toutes les leçons données aient été apprises par l'élève, il importe surtout qu'elles soient bien fixées dans son esprit. Or, peuvent-elles l'être, s'il n'a pas un moyen facile de les revoir et de les relire sans cesse? Un livre qui en contienne la rédaction exacte, est donc pour lui de la plus impérieuse nécessité.

Les sourds-muets seuls, entre tous les écoliers, n'ont eu jusqu'ici, sauf de rares exceptions, aucun livre élémentaire dans les mains, et pourtant, je le demande, n'est-ce pas eux qui en ont le plus besoin, eux pour qui le langage oral n'existe pas?

Jusqu'à présent on a suppléé à l'absence des livres par des cahiers, sur lesquels l'élève copie la leçon, d'abord écrite par le maître. Mais que de temps perdu par cette occupation purement matérielle, et combien se trouve diminué celui, si nécessaire pour tous les exercices et les nombreuses observations indispensables au développement de son intelligence!

Quel service d'ailleurs peuvent lui rendre des cahiers généralement mal tenus, remplis de fautes, et souvent même peu lisibles, comparé à celui qu'il doit attendre d'un livre correct, dans lequel il peut trouver sans peine, soit une leçon qu'il veuille consulter, soit telle autre qu'il veuille apprendre de nouveau?

L'élève sourd-muet sent plus que tout autre la nécessité de s'instruire, et diminuer pour lui les difficultés de l'étude, n'est-ce pas rendre plus certains à la fois et ses efforts et ses succès?

Paris, le 15 octobre 1862.

QUELQUES CONSEILS

A PROPOS DE LA RENTRÉE DES CLASSES

Chers élèves,

Les vacances sont finies. Nous avons repris nos travaux le 1er octobre, après avoir assisté à la messe du Saint-Esprit. Vous l'invoquerez souvent, il éclairera votre intelligence, et Dieu vous enverra la sagesse et l'amour du travail.

Avant de commencer mon cours, je vais vous donner quelques bons conseils, et si vous voulez qu'on soit content de vous, vous les suivrez.

Remplissez ponctuellement tous vos devoirs. Vous devez l'exemple à vos camarades plus jeunes que vous.

Si, quand vous entrez en classe, le professeur ou le répétiteur n'est pas arrivé, loin de l'attendre, prenez chacun votre livre, asseyez-vous et étudiez.

Le temps est précieux; il faut le bien employer. Lisez, écrivez, et surtout revenez sans cesse sur vos anciennes leçons.

Perfectionnez-vous aussi dans le langage des signes, car

c'est indispensable pour que vous puissiez exprimer clairement vos pensées et parvenir à comprendre les règles de la langue écrite. Mais, je vous le répète, lisez beaucoup et avec attention; réfléchissez beaucoup. Vous devez préférer les lectures instructives aux jeux d'enfance.

Allons, mes jeunes amis, courage, de la persévérance!

GRAMMAIRE PRATIQUE

ET CONVERSATIONS FAMILIÈRES

A L'USAGE DES ÉLÈVES SOURDS-MUETS

DE TROISIÈME ANNÉE

PREMIÈRE LEÇON.

LEÇON EN ACTION. — EMPLOI DE QUELQUES ADVERBES ET DE QUELQUES LOCUTIONS ADVERBIALES. — PRONOM DISTRIBUTIF *chacun*.

Emile, balaie la banquette avec un plumeau.
      attache *solidement* une ficelle au manche de ce plumeau.
      fais un nœud à la ficelle.
      suspends le plumeau à la clef de l'armoire.
      reste là, et, dans un moment, enlève-le *à la dérobée*.

Jean, va joindre Emile.
Georges, précède Jean, taxe-le de lenteur, et quitte Emile *brusquement* et sans rien lui dire.
      puis tu le rejoindras. S'il ne veut pas venir avec toi, tu l'entraîneras, tu lui diras qu'il nous fait honte par son entêtement, et tu lui mettras sa veste *à l'envers*.
      enfin, toi et Jean, vous me parlerez *alternative-*

ment, avant de vous promener *bras dessus bras dessous.*

Henri, essaie de faire peur à Alfred en le regardant *de travers.*
    dis-lui qu'il est bien mal coiffé.
    recommande-lui de ne jamais mettre sa casquette *sens devant derrière.*
    change ton mouchoir contre le sien.
    mouche trois de tes camarades avec ce mouchoir, après t'en être mouché toi-même.
    avant de le rendre à son propriétaire, n'oublie pas de reprendre le tien.

Auguste, empresse-toi de copier la leçon sur ton ardoise.
    apprends-la *par cœur.*
    récite-la.
    arrête-toi.
    continue de réciter.
    arrête-toi *de nouveau.*

Victor, succède à Auguste.
    fais la même chose.
    prie-le d'avoir soin de ne pas tenir ma tabatière *sens dessus dessous* en me l'apportant.

Léon, Ives, vous avez froid aux pieds et aux mains.
    battez-vous la poitrine avec les bras.
    jouez à saut de mouton.
    courez *à qui mieux mieux.*
    vous avez chaud maintenant; fermez les fenêtres. Vous pourriez attraper un refroidissement.

René, place-toi entre Jules et Martin, qui se disputent.
    sépare-les en les mettant *dos à dos,* et fais-leur un signe de réprobation.
    s'ils te promettent de vivre en bonne intelligence,

tu les mettras *face à face*, et tu les engageras à se réconcilier en s'embrassant.

Firmin, Germain, prenez *chacun* votre ardoise et votre crayon, et racontez ce que vous avez remarqué hier dans votre promenade.

enfin, après avoir copié votre narration sur une feuille de papier, vous la montrerez à *chacun* des Messieurs qui sont ici, et vous les prierez de voir si vous avez fait quelques fautes.

DEUXIÈME LEÇON.

DÉNOMINATIONS DE PARTIES.

Gustave, apporte ici un fauteuil.
montres-en les pieds.
les bras.
le dossier.
le côté gauche.
le côté droit.
le devant.
le derrière.
le haut.
le bas.
le milieu.
le dessous.
le dessus.

On a blanchi, pendant les vacances, { l'intérieur } { le dedans } de la classe.

On n'en a pas blanchi { le dehors. { l'extérieur.

TROISIÈME LEÇON.

CONJUGAISON DE QUATRE VERBES IRRÉGULIERS.

Craindre. | Mourir. | Naître. | Vivre.

Indicatif.

Présent.

Je crains Dieu.	Je meurs.		Je vis à Paris.
Tu crains	Tu meurs.		Tu vis
Il craint	Il meurt.	Il naît.	Il vit
Nous craignons	Nous mourons.		Nous vivons
Vous craignez	Vous mourez.		Vous vivez
Ils craignent	Ils meurent.	Ils naissent.	Ils vivent

Passé indéfini.

J'ai craint	Il est mort	Je suis né.	J'ai vécu
	Ils sont morts.		

Passé défini.

Je craignis	Il mourut.	Je naquis.	Je vécus
	Ils moururent.		

Futur.

Je craindrai	Je mourrai.	Il naîtra.	Je vivrai
		Ils naîtront.	

Conj. de même : plaindre, joindre, atteindre, éteindre, ceindre, etc.

Conj. de même : survivre.

QUATRIÈME LEÇON.

LE PROFESSEUR INTERROGE COUDERC SUR SA FAMILLE, ETC.

Couderc, où demeurent tes parents?
— A Montflanquin (Lot-et-Garonne).
Comment se nomme ton père?
— Pierre Couderc.
Quel est son état?
— Il est cultivateur.
Gagne-t-il beaucoup?
— Assez.
Comment se nomme ta mère?
— Elle se nomme Marie Duval.
Quelles sont ses occupations?
— Elle a soin du ménage : elle fait les lits, balaie les chambres, raccommode le linge, va au marché, etc.
Quels sont tes prénoms?
— Guillaume-Arthur.
Où es-tu né?
— A Montflanquin.
Quand?
— Le 21 mars 1850.
Quel âge as-tu?
— J'ai eu douze ans le mois de mars dernier.
Combien as-tu de frères et de sœurs?
— J'ai deux frères et une sœur.
As-tu entendu?
— Non, Monsieur.
As-tu parlé?
— Non, Monsieur, je suis sourd-muet de naissance.
Tes frères et ta sœur sont-ils aussi sourds-muets?
— Ma sœur est sourde-muette. Mes frères entendent et parlent.
Qui est l'aîné?
— Moi.
Qui vient après toi?
— Clotilde Couderc.
Et après elle?
— Joseph et Firmin Couderc.

Ton père et ta mère sont-ils méchants?
— Non, mon professeur, ils sont bons.
Comment les aimes-tu?
— Tendrement.

CINQUIÈME LEÇON.

PRINCIPALES TERMINAISONS DES SUBSTANTIFS MASCULINS ET DES SUBSTANTIFS FÉMININS.

M. Bernard connaît:

un marchand de vin.	une marchande de légumes.
un apprenti ébéniste.	une apprentie couturière.
un boulanger.	une boulangère.
un métayer.	une métayère.
un ouvrier en papiers peints.	une ouvrière en dentelles.
un mercier.	une mercière.
un tailleur d'habits.	une tailleuse de robes.
un pêcheur.	une pêcheuse.
un grand pécheur.	une grande pécheresse.
un nègre.	une négresse.
le prince Murat.	la princesse Mathilde.
le directeur de l'Institution des Jeunes Aveugles.	la directrice des postes de Montrouge.
l'instituteur d'Anatole.	l'institutrice de Virginie.
le protecteur de Benjamin.	la protectrice de Georges.
un serviteur actif.	une servante active.
le gouverneur de la Banque de France.	la gouvernante des enfants du duc de Morny.
un paysan honnête.	une paysanne honnête.
un musicien habile.	une musicienne habile.
de bons chrétiens.	de bonnes chrétiennes.
des juifs.	des juives.

SIXIÈME LEÇON.

ON N'EMPLOIE PAS L'ADJECTIF POSSESSIF, LORSQUE LE VERBE PRONOMINAL EST SUIVI D'UN RÉGIME.

	(Mal dit.)
Victorine s'est lavé la figure.	Victorine s'est lavé sa figure.
Jules et Louis se sont nettoyé les dents.	Jules et Louis se sont nettoyé leurs dents.
Nous nous sommes fait les ongles.	Nous nous sommes fait nos ongles.
Nous nous sommes frotté les mains.	
Je me suis fait la barbe.	
Vous vous êtes chauffé les pieds.	

SEPTIÈME LEÇON.

SUITE DU PRONOM *en*. — PRONOM *y*.

M. Allibert est décédé.
Nous *en* sommes peinés (de cela).

Si notre ami réussit dans ses projets, nous nous *en* réjouirons (de cela).

François a écrit deux leçons sur les tableaux.
Je l'*en* avais prié (de faire cela).

Vos parents ont des biens.
Vous *en* hériterez (de ces biens).

J'ai recommandé à Edouard de demander pardon à M. le directeur.
Il s'*y* est refusé (à demander pardon).

On m'a dit des injures.
Mais je n'*y* pense plus (à cela).

Le vice est abominable.
Il ne faut pas s'*y* livrer (au vice).

HUITIÈME LEÇON.

CONJUGAISON DE QUATRE VERBES IRRÉGULIERS.

Croire. | Cueillir. | Mentir. | Rire.

Indicatif.

Présent.

Je crois *cette histoire.*	Je cueille *des fleurs.*	Je mens.	Je ris.
Tu crois	Tu cueilles	s.	s.
Il croit	Il cueille	t.	t.
Nous croyons	Nous cueillons	Nous mentons.	Nous rions.
Vous croyez	Vous cueillez	ez.	ez.
Ils croient	Ils cueillent	ent.	ent.

Passé indéfini.

J'ai cru | J'ai cueilli | J'ai menti. | J'ai ri.

Passé défini.

Je crus | Je cueillis | Je mentis. | Je ris.

Futur.

Je croirai | Je cueillerai | Je mentirai. | Je rirai.

| | Conj. de même: accueillir. | Conj. de même: sentir, consentir. | Conj. de même: sourire. |

NEUVIÈME LEÇON.

CONVERSATION ENTRE LE PROFESSEUR ET UN ÉLÈVE.

HENRI.

Bonjour, mon professeur, comment vous portez-vous?

LE PROFESSEUR.

Bonjour, Henri. Je me porte bien, Dieu merci. Et toi?

HENRI.

Je me porte bien aussi. Etes-vous content de moi aujourd'hui?

LE PROFESSEUR.

Non.

HENRI.

Pourquoi?

LE PROFESSEUR.

Parce que tu as été brutal ce matin.

HENRI.

Qu'ai-je donc fait?

LE PROFESSEUR.

On m'a dit que tu as maltraité deux petits sourds-muets.

HENRI.

Ce n'est pas vrai : je n'ai fait de mal à personne.

LE PROFESSEUR.

Je crois que tu mens.

HENRI.

Non, je ne mens point, je vous assure.

LE PROFESSEUR.

Sois tranquille, mon ami, je plaisantais. Oui, je suis fort content de toi.

Dis-moi pourquoi tu es venu à l'Institution.

HENRI.

Pour m'instruire, pour apprendre à être sage.

LE PROFESSEUR.

Que t'enseigne-t-on?

HENRI.

On m'enseigne la langue française, le calcul, l'histoire sainte, l'articulation, etc.

LE PROFESSEUR.

A quelle heure commence la classe du matin?

HENRI.

A huit heures et demie.

LE PROFESSEUR.

Et celle du soir?

HENRI.

A deux heures.

LE PROFESSEUR.

Jusqu'à quelle heure reste-t-on en classe?

HENRI.

Le matin, jusqu'à dix heures et demie, et le soir jusqu'à quatre heures.

LE PROFESSEUR.

Depuis quand es-tu ici?

HENRI.

Depuis deux ans et demi.

LE PROFESSEUR.

Combien de temps dois-tu y rester encore?

HENRI.

Encore quatre ans et demi.

LE PROFESSEUR.

Quand feras-tu ta première communion?

HENRI.

Peut-être l'année prochaine.

LE PROFESSEUR.

Quel état voudras-tu exercer en quittant l'école?

HENRI.

Je voudrai être lithographe ou sculpteur sur bois.

LE PROFESSEUR.

Où iras-tu alors?

HENRI.

Je retournerai auprès de mes parents. Mais je n'oublierai point vos bons soins.

LE PROFESSEUR.

C'est très bien, mon ami. Je vois que tu as une belle âme.

DIXIÈME LEÇON.

ÉTUDE DE MOTS PAR DÉRIVÉS.

L'homme pieux prie Dieu chaque jour.
La prière rend sage et console.
Madame Chambellan a un prie-Dieu.

René lit et étudie continuellement.

La lecture et l'étude l'amusent.
Les lecteurs et les étudiants inattentifs perdent leur temps.

M. Coldefy parle.
Les parlants sont heureux.
Les grands parleurs sont importuns.
Notre parloir est tapissé.

Chaque soir, je me promène pendant une heure.
La promenade est utile à la santé.
Hier, les promeneurs étaient nombreux, parce qu'il faisait beau temps.

M. Loriot travaille du matin au soir.
C'est un travailleur.
Le travail l'enrichira peu à peu.

Noël est prodigue.
Sa prodigalité l'appauvrit.
Ne prodiguez point votre argent.

Valéri me boude.
Sa bouderie m'afflige.
Les boudeurs sont détestables.

Camille est envieux.
L'envie conduit quelquefois au crime.
N'enviez point le bien d'autrui.

Plusieurs de vous sont distraits.
Leur distraction les fait souvent punir.
Je ne puis travailler une heure de suite : on vient me distraire à tous moments.

Honorat est dissimulé et hypocrite.
Sa dissimulation et son hypocrisie le font mépriser.

Urbain craint de tomber malade.

Cette crainte le rend inquiet.
Le lièvre et la souris sont craintifs.

Isabelle est très instruite.
Son instruction la fait admirer.
Les professeurs instruisent la jeunesse.
Pédro de Ponce fut le premier instituteur des sourds-muets.
Il y a dans la bibliothèque des livres fort instructifs.

ONZIÈME LEÇON.

PHRASES ELLIPTIQUES.

J'ai donné à Charles ma lorgnette et mon anneau.

J'ai donné 2 sous à Georges, et 1 franc à Raymond.

Auguste a jeté sur le poêle mes gants, une brosse et l'éponge.

Martin a jeté son mouchoir sous le tabouret, et sa plume dans le tiroir de la petite table.

M. le surveillant général a ordonné au domestique de fendre de grosses bûches, et de les apporter ensuite ici.

Il a ordonné à Antoine de cirer le plancher du petit dortoir, et à Gustave d'en frotter les lavabos.

J'ai défendu à Victor de passer dans le jardin et de grimper sur les arbres.

J'ai défendu à Alfred de faire du tapage, à Matthieu d'être étourdi, à Vincent de donner des coups de pied à ses camarades.

J'ai prié M. Barbier de venir me voir dimanche, et de faire une excursion avec moi à Fontainebleau.

J'ai prié Michel d'envoyer à Léon quelques feuilles de papier réglé, et Cyprien de porter chez l'horloger la chaîne de ma montre.

M. le censeur vous engage à avoir de la modestie, à aimer le prochain et à être bienfaisants.

Nous engagerons Gabriel à s'appliquer à l'étude, Joseph à n'être plus susceptible, André à ne jamais offenser personne.

DOUZIÈME LEÇON.

MÊME SUJET QU'A LA PRÉCÉDENTE.

Le tailleur confectionne des vêtements, le cordonnier des chaussures, le menuisier des meubles.

Le bœuf est couvert de poil, les oiseaux de plumes, les poissons d'écailles.

On fait la chandelle avec du suif, les allumettes avec des brins de chanvre ou de bois et avec du soufre.

M. Huguenin vous enseigne le dessin, M. Loiseau l'écriture.

Nous aimons Dieu, parce qu'il nous nourrit, et qu'il veille sans cesse sur nous.

Hier, Maurice fut puni, parce qu'il avait déchiré son cahier, et qu'il avait insolemment parlé à son répétiteur.

Quand vous n'êtes pas bien portants, et que vous ne pouvez travailler, vous allez vous faire soigner à l'infirmerie.

Lorsqu'on se moque un peu de Jules, ou qu'on le contrarie, il rougit, se frotte les yeux et se met à pleurnicher.

Ce soir, aussitôt que j'aurai fait ma toilette, et que ma femme sera revenue de l'église, j'irai avec mon fils faire une petite visite à un ami.

TREIZIÈME LEÇON.

MÊME SUJET QU'AUX DEUX PRÉCÉDENTES.

Je suis convaincu que M. le ministre de l'intérieur vous porte un vif intérêt, et qu'il est pour vous un second père.

Vous croyez que Jean et Pierre sont toujours négligents, et qu'ils n'auront point de prix.

M. le directeur vous a dit que vous faisiez des progrès, et qu'il en était satisfait.

J'ai dit à Charles qu'un de ses amis viendra le voir l'été prochain, à Frédéric qu'il est bien de secourir les malheureux, à Georges que je ne suis pas sorti hier.

J'ai demandé à Auguste où demeure son père, et quand il lui a écrit; il m'a répondu que son père demeure à Saint-Maximin (Isère), et qu'il lui a écrit la semaine dernière.

J'ai demandé à Emile depuis quand il est à l'Institution, quand il la quittera, et quel état il exercera alors; il m'a répondu qu'il est à l'Institution depuis deux ans, qu'il la quittera dans cinq ans, et qu'il sera journalier comme son père.

J'ai demandé à Martin et à Gustave s'ils avaient eu de bonnes notes ce matin pour leur récitation. Martin m'a répondu affirmativement, Gustave négativement. J'ai fait des compliments au premier, et des reproches au dernier.

QUATORZIÈME LEÇON.

CONJUGAISON DE QUATRE VERBES IRRÉGULIERS.

Dire. | Coudre. | Se repentir. | Suivre.

Indicatif.

Présent.

Je dis	Je couds	Je me repens.	Je suis
la vérité.	un jabot à une chemise.		M. le surveillant.
Tu dis	Tu couds	Tu te repens.	Tu suis
Il dit	Il coud	Il se repent.	Il suit
Nous disons	Nous cousons	N. n. repentons.	Nous suivons
Vous dites	Vous cousez	V. v. repentez.	Vous suivez
Ils disent	Ils cousent	Ils se repentent.	Ils suivent

Passé indéfini.

| J'ai dit | J'ai cousu | Je me suis repenti. | J'ai suivi |

Passé défini.

| Je dis | Je cousis | Je me repentis. | Je suivis |

Futur.

| Je dirai | Je coudrai | Je me repentirai. | Je suivrai |

| Conj. de même : redire. | Conj. de même : découdre, recoudre. | | Conj. de même : poursuivre. |

QUINZIÈME LEÇON.

Lequel, laquelle, lesquels, lesquelles, INTERROGATIFS.

Lequel est le plus intelligent, Gustave ou Emile?
— C'est Emile.
Laquelle est la plus jolie, Sophie ou Henriette?
— C'est Sophie.
Lesquels sont les plus sages, Victor, Pierre, Marc ou Louis?
— Ce sont Louis et Victor.
Lesquelles sont les plus modestes, Emma, Adrienne, Victoire ou Eulalie?
— Nous ne savons, car nous ne les connaissons pas.

Voici deux livres.
Lequel appartient à Auguste?
— Celui-là.
Voilà trois pommes.
Laquelle voulez-vous?
— La plus grosse.
On a apporté plusieurs corbeilles d'oranges.
Lesquelles préférez-vous?
— Celles-ci.

SEIZIÈME LEÇON.

SUBSTANTIFS DES DEUX GENRES.

Pouzols est un enfant gentil.	Joséphine est une enfant gentille.
Ballet a un élève studieux.	Pauline est une élève studieuse.
Marc est un artiste distingué.	Adrienne est une artiste distinguée.
Edouard est un bon aide.	Julie est une bonne aide.
Baptiste est un domestique fidèle.	Marie est une domestique fidèle.
Mano est un esclave patient.	Françoise est une esclave patiente.
Pierre est un aveugle-né.	Ursule est une aveugle-née.

DIX-SEPTIÈME LEÇON.

ON MET LA PARTICULE *de* DEVANT L'ADJECTIF QUALIFICATIF, QUI PRÉCÈDE LE SUBSTANTIF PRIS DANS UN SENS INDÉTERMINÉ OU PARTITIF.

J'ai des habits verts.
Alfred achètera des chaises neuves.

Quand vous êtes sages, vos maîtres vous donnent *de* bonnes notes.
Je connais *de* charmants enfants.
Il y a *de* belles gravures dans la chapelle.
Le bouquiniste vend *de* vieux livres.
De petits oiseaux sont venus manger sur le rebord de la fenêtre.
De nouveaux élèves ont été privés de récréation.
La vache et la chèvre nous fournissent *d'*excellent lait.
Hier, on me servit *de* mauvais café.

DIX-HUITIÈME LEÇON.

FORMATION DU PLURIEL DANS LES SUBSTANTIFS *bal, ail, soupirail, ciel, monseigneur.*

Je n'aime pas

le bal.	les bal*s*.
L'ail a une odeur très forte.	Il y a des *aulx* sauvages.

Ce maçon fait

un soupirail.	des soupir*aux*.
Dieu est dans le ciel.	Dieu est dans les *cieux*.

J'ai vu

| Monseigneur l'évêque de Nevers. | *Messeigneurs* les évêques de Bayonne et d'Agen. |

DIX-NEUVIÈME LEÇON.

PRÉPOSITIONS ET LOCUTIONS PRÉPOSITIVES.

Vous vous levez *dès* cinq heures.
Dès demain j'irai parler de vous à M. le directeur.

Il faut être charitable *envers* les pauvres.
être poli et bienveillant *envers* tout le monde.

Durant l'hiver, on s'habille chaudement.
Sylvestre ne fit que du bien *durant* sa vie.

Emile ne peut écrire *à cause de* ses larmes.
Mon père ne travaille plus *à cause de* son grand âge.

Martin s'est battu avec un de ses camarades *en présence du* maître d'étude.
François et Jean se sont dit des injures *en ma présence*.

La nuit dernière, des voleurs ont escaladé un mur de l'école *au moyen d'*une échelle.
Une femme s'est pendue *au moyen d'*une corde.

Nous sommes *à l'abri de la* pluie.
à l'abri du froid.

Nous voyons le jour *au travers des* vitres.
Ce militaire perça *au travers d'*un bataillon ennemi.

Je sortirai ce soir *afin d'*acheter quelque chose.
Vous avez des dictionnaires *afin de* les consulter.

Il vient beaucoup de vent dans la classe *par-dessous* la porte.
Alfred a passé *par-dessous* les tables.

Henri a sauté *par-dessus* les bancs.
L'autre jour, le domestique avait une blouse *par-dessus* sa veste.

VINGTIÈME LEÇON.

CONJUGAISON DE QUATRE VERBES IRRÉGULIERS.

Fuir. | Haïr. | Moudre. | Servir.

Indicatif.

Présent.

Je fuis.	Je hais *le vice.*	Je mouds *du café.*	Je sers *un parent.*
Tu fuis.	Tu hais	Tu mouds	Tu sers
Il fuit.	Il hait	Il moud	Il sert
Nous fuyons.	Nous haïssons	Nous moulons	Nous servons
Vous fuyez.	Vous haïssez	Vous moulez	Vous servez
Ils fuient.	Ils haïssent	Ils moulent	Ils servent

Passé indéfini.

J'ai fui.	J'ai haï	J'ai moulu	J'ai servi

Passé défini.

Je fuis.	Je haïs	Je moulus	Je servis
	haïs		
	haït		
	Nous haïmes		
	haïtes		
	haïrent		

Futur.

Je fuirai.	Je haïrai	Je moudrai	Je servirai

		Conj. de même : remoudre, émoudre.	Conj. de même : desservir.

VINGT-UNIÈME LEÇON.

ÉTUDE DE MOTS PAR DÉRIVÉS.

Les boulangers ont des boulangeries, et des garçons pour boulanger.

L'épicier tient l'épicerie.
On épice les mets.

Le médecin prescrit les médicaments.
Le mois dernier, j'ai pris une médecine.

Les pharmaciens de Paris ont de belles pharmacies.

Le boucher va à l'abattoir acheter de la viande; il la vend dans sa boucherie.

Le vacher trait les vaches, les mène paître et les ramène à la vacherie.

L'oiseleur prend des oiseaux.
L'oiselier les élève.
Un oiselet est un petit oiseau.

Le fruitier vend des fruits dans sa fruiterie.
L'écureuil est un petit animal frugivore.

Le tigre a soif de carnage.
Le loup, le corbeau, le vautour sont extrêmement carnassiers.
Le chasseur met le gibier dans sa carnassière.
L'homme est à la fois frugivore et carnivore.

Voici un grain de blé, voilà un grain d'orge.
Le grainier vend toutes sortes de graines.
Les oiseaux domestiques sont granivores.

L'herbe croît au printemps.
Conduisez les bestiaux à l'herbage.
L'herboriste recueille et vend des herbes médicinales.
L'oie est à la fois granivore et herbivore.

Le jour commence avant le soleil.
Ma femme tient un livre-journal.
Je prête mon journal à mon voisin.
Les journalistes mentent bien souvent.
Les cultivateurs ont des journaliers.
Mes occupations journalières ne me permettent point de m'absenter.
Nous avons eu hier une journée fatigante, car la chaleur était accablante.
Maxime et Léonard sont amis intimes; ils se voient journellement.

VINGT-DEUXIÈME LEÇON.

LE PROFESSEUR INTERROGE SUR DIVERSES CHOSES.

LE PROFESSEUR.

Auguste, que trouve-t-on dans la terre?

AUGUSTE.

Des pierres, du fer, de l'argent, de l'or, etc.

LE PROFESSEUR.

Que bâtit-on avec les pierres?

AUGUSTE.

Des maisons, des églises, des ponts, etc.

LE PROFESSEUR.

A quoi servent les maisons?

AUGUSTE.

Elles servent à nous loger.

LE PROFESSEUR.

Que fait-on avec le fer ?

AUGUSTE.

Des clefs, des serrures, des vis, des cadenas, des verrous, des pelles, des pincettes, des pioches, des haches, etc.

LE PROFESSEUR.

A quoi servent les clefs ?

AUGUSTE.

Elles servent à ouvrir et à fermer les serrures.

LE PROFESSEUR.

A quoi servent les pincettes ?

AUGUSTE.

Elles servent à prendre les charbons embrasés, à arranger le feu.

LE PROFESSEUR.

A quoi servent un couteau et une hache ?

AUGUSTE.

Un couteau sert à couper, une hache à fendre, à ébaucher.

LE PROFESSEUR.

A quoi sert un crayon ?

AUGUSTE.

Il sert à écrire, à dessiner, à régler.

LE PROFESSEUR.

A quoi sert un seau ?

AUGUSTE.

Il sert à porter de l'eau.

LE PROFESSEUR.

A quoi servent les montres et les horloges ?

AUGUSTE.

Elles servent à indiquer les heures.

LE PROFESSEUR.

A quoi sert le bois ?

AUGUSTE.

Il sert à nous chauffer, à faire des meubles.

LE PROFESSEUR.

Où pousse-t-il ?

AUGUSTE.

Dans les forêts.

LE PROFESSEUR.

Comment nomme-t-on celui qui abat les arbres?

AUGUSTE.

On le nomme bûcheron.

LE PROFESSEUR.

Et celui qui fait le charbon ?

AUGUSTE.

On le nomme charbonnier.

VINGT-TROISIÈME LEÇON.

ELLIPSE DU SUBSTANTIF AUQUEL SE RAPPORTE UN ADJECTIF.

Cueillez une fleur rouge et jaune.	Cueillez une fleur rouge et une fleur jaune.
Montrez un mouchoir blanc et bleu.	Montrez un mouchoir blanc et un mouchoir bleu.
Fais des compliments à un élève doux et studieux.	Fais des compliments à un élève doux et à un élève studieux.

Dieu récompense les hommes sages, et punit les méchants.
Le vieux soldat a des moustaches ; le jeune n'en a pas.
J'aime mieux les groseilles rouges que les blanches.
Les habits noirs sont préférables aux gris.
Mon grand et mon petit appartement sont bien aérés.
Ce soir, vous repasserez la 21e et la 22e leçon de calcul.

VINGT-QUATRIÈME LEÇON.

ADVERBES ET LOCUTIONS ADVERBIALES DE LIEU.

MADEMOISELLE CHOUEL.

Pauline, t'es-tu promenée jeudi aux Champs-Elysées ?

PAULINE.

Je me suis promenée *ailleurs*.

MADEMOISELLE CHOUEL.

Où ?

PAULINE.

Au jardin d'acclimatation du bois de Boulogne.

MADEMOISELLE CHOUEL.

Dimanche, j'irai à Sceaux. Viendras-tu avec moi ?

2*

PAULINE.

Non, Mademoiselle; j'ai besoin d'aller *ailleurs*.

MADEMOISELLE CHOUEL.

Cécile, où as-tu trouvé ce bijou?

CÉCILE.

Je l'ai trouvé *quelque part*.

MADEMOISELLE CHOUEL.

Dis-moi où, je te prie.

CÉCILE.

Pardon, Mademoiselle, je n'en vois pas l'utilité.

MADEMOISELLE CHOUEL.

Antoine, es-tu allé à Vincennes aujourd'hui?

ANTOINE.

Non, Mademoiselle.

MADEMOISELLE CHOUEL.

Où es-tu allé?

ANTOINE.

Je ne suis allé *nulle part :* je ne suis point sorti.

Il arrive des soldats *de toutes parts.*
Cette après-midi, vous avez couru dans la cour *de part et d'autre.*

VINGT-CINQUIÈME LEÇON.

LOCUTIONS VICIEUSES CORRIGÉES.

On dit mieux :
Quand j'ai été couché, je me suis endormi.

Quand j'ai été levé, j'ai donné à manger à mon chardonneret.
Quand j'ai été descendu de ma chambre, j'ai pris un bol de café au lait.
Quand j'ai été sorti, on s'est présenté à mon domicile.
Quand j'ai été rentré, on a servi le dîner.

    Que :

Quand je me suis couché, je me suis endormi.
Quand je me suis levé, etc.
Quand je suis descendu, etc.
Quand je suis sorti, etc.
Quand je suis rentré, etc.

    Mieux :

Quand je serai couché, je m'endormirai.
Quand je serai levé, je donnerai à manger à mon chardonneret, etc.

    Que :

Quand je me serai couché, etc.
Quand je me serai levé, etc.

VINGT-SIXIÈME LEÇON.

NOMS DE QUANTITÉ.

Gustave, prends une pincée de tabac.
              une poignée de sciure.
              une cuillerée de sirop.
              une pelletée de cendre.
         offre-moi une assiettée de pêches.

On a conduit à l'Institution une charretée de bois.
Alfred mange une bouchée.

Voilà un oiseau qui porte une becquée à sa couvée.

Je viens de demander au contrôleur une dizaine de plumes métalliques.
Je vais acheter une douzaine de livres.
Les vacances dernières, j'ai passé une quinzaine de jours chez mon beau-père.
Le renard a étranglé une vingtaine de poules.
Des loups ont ravi une quarantaine de moutons.
Des malfaiteurs ont incendié une soixantaine de maisons.
L'autre jour, on m'a emprunté une centaine de francs.

VINGT-SEPTIÈME LEÇON.

Penser, encourager, s'exercer, rester, chercher, etc., AYANT POUR RÉGIMES DES VERBES A L'INFINITIF ET DES SUBSTANTIFS TIRÉS DE CES VERBES.

Valentin {pense/songe} à se marier.	Valentin {pense/songe} au mariage.
Il faut encourager les soldats à combattre.	Il faut encourager les soldats au combat.
Exercez-vous à composer et à narrer.	Exercez-vous à la composition et à la narration.
Restez à vous récréer.	Restez en récréation.
Je me plais à cultiver la terre.	Je me plais à la culture de la terre.
Manuel cherche à se placer.	Manuel cherche une place.
Vincent voulait pousser François à se révolter.	Vincent voulait pousser François à la révolte.
Le bon exemple excite à se bien conduire.	Le bon exemple excite à avoir une bonne conduite.
Le mauvais exemple porte à se mal conduire.	Le mauvais exemple porte à l'inconduite.
J'entreprendrai de traduire cet auteur.	J'entreprendrai la traduction de cet auteur.
Hélène est dégoûtée de vivre.	Hélène est dégoûtée de la vie.

VINGT-HUITIÈME LEÇON.

ADJECTIFS QUI, DE LEUR NATURE, EXPRIMENT UN COMPARATIF.

L'eau est moins bonne que le vin.
L'indocilité est moins mauvaise que le mensonge.
Le lièvre n'est pas toujours moins petit que le lapin.

Mal dit.
- Le vin est plus bon que l'eau.
- Le mensonge est plus mauvais que l'indocilité.
- Le lièvre s'enfuit au plus petit bruit.

Bien dit.
- Le vin est meilleur que l'eau.
- Le mensonge est pire que l'indocilité.
- Le lièvre s'enfuit au moindre bruit.

VINGT-NEUVIÈME LEÇON.

LOCUTIONS INTERROGATIVES *qui est-ce qui, qui est-ce que, etc.*

Basile m'a mordu.
Un chien m'a mordu.
Le ramoneur est noir.
La suie est noire.
L'homme pense.
L'esprit pense.

Qui est-ce qui m'a mordu ? — Basile.	*Qu'est-ce qui* m'a mordu ? — Un chien.
Qui est-ce qui est noir ? — Le ramoneur.	*Qu'est-ce qui* est noir ? — La suie.
Qui est-ce qui pense ? — L'homme.	*Qu'est-ce qui* pense ? — L'esprit.

J'ai poussé Charles et la porte.
M. Lacarrière caressera son fils, sa fille et sa chatte.
Le vent a renversé sur la route d'Orléans deux vieillards et une maison.

Qui est-ce que j'ai poussé ? — Charles.	*Qu'est-ce que* j'ai poussé? — La porte.
Qui est-ce que M. Lacarrière caressera ? — Son fils et sa fille.	*Qu'est-ce que* M. Lacarrière caressera? — Sa chatte.
Qui est-ce que le vent a renversé ? — Deux vieillards.	*Qu'est-ce que* le vent a renversé? — Une maison.

TRENTIÈME LEÇON.

ADJECTIFS, NOMS, ETC., EMPLOYÉS UNIPERSONNELLEMENT.

Il est prudent de manger peu, quand on est malade.
Il est imprudent de boire frais, lorsqu'on transpire.
Il est dangereux de jouer avec une arme à feu.
Il est juste de punir les malfaiteurs.
Il est injuste de condamner un innocent.
Il est utile d'étudier.
Il est inutile de se venger.
Il est important de savoir lire.
Il est nécessaire de faire des économies, si l'on veut devenir riche.
Il est beau de pardonner.
Il est bon de penser quelquefois à ses amis.
Il est facile de coudre, de tricoter, de filer, de tisser.
Il est difficile de bien écrire.
Il est impossible d'être heureux sans la vertu.
Il est naturel d'aimer ses parents.
Il est pénible de s'en séparer.
Il est agréable de se promener en bateau un beau soir d'été.
Il est midi; il est temps de dîner.
Je voulais voir mon médecin aujourd'hui; il est tard à présent.
Il était neuf heures sonnées, quand je suis arrivé ce matin.
Il est bien de prier, mais il est mieux de faire de **bonnes actions**.

Tenez-vous bien; il vient du monde.
Vous n'êtes que dix : il manque deux élèves. Dites-moi lesquels.

TRENTE-UNIÈME LEÇON.

CONDITIONNEL. — INTRODUCTION.

Antoine, neigera-t-il demain?
— Je ne sais.
s'il neige beaucoup, pourrons-nous former des bonshommes de neige?
Oui, Monsieur.

Henri, pourquoi Vincent n'assiste-t-il pas à la leçon?
— Parce qu'il est gravement indisposé.
s'il était bien portant, viendrait-il étudier?
— Certainement, Monsieur.

Gustave, pourquoi Jean et Martin ont-ils été punis hier?
— Parce qu'ils n'avaient pas fait leurs devoirs.
s'ils n'avaient pas été paresseux, auraient-ils été punis?
Non certes, Monsieur.

CONJUGAISON DES VERBES *avoir* ET *être*, DES VERBES RÉGULIERS EN *er*, *ir*, *oir* ET *re*, DES VERBES PRONOMINAUX, ETC.

Présent.

Actuellement, si. . . . . ,

J'*aurais* des inscriptions au cadre d'honneur.	Je *serais* récompensé et joyeux.
Tu *aurais*	Tu *serais*
Il *aurait*	Il *serait*
Nous *aurions*	Nous *serions* récompensés et joyeux.
Vous *auriez*	Vous *seriez*
Ils *auraient*	Ils *seraient*

— 40 —

Je frapp *erais*	Je pun *irais*	Je rec *evrais*	J'étend *rais*
Tu *erais*	Tu *irais*	Tu *evrais*	Tu *rais*
Il *erait*	Il *irait*	Il *evrait*	Il *rait*
N. *erions*	N. *irions*	N. *evrions*	N. *rions*
V. *eriez*	V. *iriez*	V. *evriez*	V. *riez*
Ils *eraient*	Ils *iraient*	Ils *evraient*	Ils *raient*

Passé.

Ce matin, si. . . . .,
Avant-hier, si. . . . .,
Il y a huit jours, si. . . . .,

J'*aurais eu* de mauvaises notes.	J'*aurais été* grondé et triste.
Tu *aurais eu*	Tu *aurais été*
Il *aurait eu*	Il *aurait été*
Nous *aurions eu*	Nous *aurions été* grondés et tristes.
Vous *auriez eu*	Vous *auriez été*
Ils *auraient eu*	Ils *auraient été*

J'*aurais frappé*	Je me *serais baigné*.	Je *serais venu*.
Tu *aurais puni*	Tu te *serais diverti*, etc.	Tu *serais sorti*, etc.
Il *aurait reçu*	Il se *serait*	Il *serait*
Nous *aurions pris*	Nous n. *serions*	Nous *serions*
Vous *auriez fait*, etc.	Vous v. *seriez*	Vous *seriez*
Ils *auraient*	Ils se *seraient*	Ils *seraient*

TRENTE-DEUXIÈME LEÇON.

FIN DU CONDITIONNEL. — DÉVELOPPEMENT.

I

Nous n'entendons pas.
Nicolas est excessivement dissipé, et fait beaucoup de fautes.
Etc.

Si nous entendions, nous serions heureux.
Nicolas ne ferait guère de fautes, s'il était plus réfléchi.

S'il faisait froid aujourd'hui, il y aurait du feu au poêle.

M. le directeur et M. le censeur viendraient nous voir, s'ils n'étaient pas occupés en ce moment.

Si Maurice et Adrien s'appliquaient constamment en classe, ils écriraient assez bien un jour, car ils sont intelligents.

Aucun de vous n'a tardé à revenir des vacances.

La semaine dernière, plusieurs élèves se conduisirent mal, et ils furent en retenue.

Etc.

Si quelqu'un de vous avait trop tardé à rentrer, je lui aurais fait des reproches.

Si ces élèves s'étaient bien conduits, ils n'auraient pas été en retenue.

Ce matin j'aurais écrit à mon père, si j'en avais eu le temps.

Je serais allé au Havre le mois dernier, si je l'avais pu.

Si vous aviez eu de l'argent, on vous aurait déjà acheté des cabans.

II

Léon, veux-tu être méchant?

— Non, Monsieur.

Pourquoi?

— Parce que ce serait mal, qu'on me mépriserait, et que Dieu me punirait.

Serais-tu tranquille en pensant à ce châtiment?

— Oh! non, Monsieur; je serais tourmenté par le remords, et je redouterais à chaque instant la colère divine.

Martin, avant-hier, le temps fut beau. Pourquoi ne sortis-tu pas?

— Parce que j'aurais manqué la leçon.

Que t'aurait fait ton professeur?

— Il m'aurait témoigné son mécontentement.

Quel sentiment aurais-tu éprouvé alors?

— J'aurais été profondément affligé de lui avoir fait de la peine.

III

On disait ce matin que le roi et la reine de Suède arriveraient ce soir à Paris.

Vous m'avez demandé si j'irais bientôt voir ma famille.

A dix heures, Eugène marchait péniblement. Il ne pouvait se tenir debout. On aurait cru qu'il était bien souffrant. Mais c'était un rusé : il faisait le malade pour ne pas travailler.

Le bruit courait hier qu'il y aurait eu plusieurs incendies à Lyon l'avant-dernière nuit, et que quinze ou vingt sapeurs-pompiers y auraient péri.

IV

Nous ne connaîtrions pas la douleur, si Adam et Ève n'avaient désobéi à la loi de Dieu.

Gabriel serait aussi avancé que François, s'il avait toujours étudié avec zèle depuis son entrée dans cette maison.

J'aurais donné de vos nouvelles à votre oncle, si je savais son adresse.

Mon frère serait parti pour la Chine, si cette contrée n'était en guerre.

Si le vieux militaire décoré avait été arrivé plus tôt, on aurait pu le présenter à l'empereur.

Si les brebis avaient été rentrées à la bergerie, quand l'orage éclata, aucune n'aurait été frappée de la foudre.

TRENTE-TROISIÈME LEÇON.

ÉTUDE DE MOTS PAR DÉRIVÉS.

Ève enfanta Caïn et Abel.
Je n'ai qu'un enfant.
Vos parents vous ont soignés dans votre enfance.
Vous faites quelquefois des enfantillages.

Nous sommes jeunes.
On ne rajeunit pas.
Pendant sa jeunesse, Lonça était robuste.

Nous vieillissons chaque jour.
Renouf est vieux.
Il faut respecter les vieillards.
Quand on a vécu sagement, on parvient à une vieillesse heureuse.

La vie humaine n'est pas longue.
Très rarement l'homme vit 150 ans.
J'ai acheté des poissons vivants.

Le souci est jaune.
M. Orsoni a un gilet jaunâtre.
Les blés jaunissent au mois de juin.

Napoléon Ier avait une redingote grise.
Voilà du marbre grisâtre.
On a grisaillé les lambris de mon salon.

Je n'ai pas d'habits bruns.
Mon frère a un cheval brunâtre.
Les cheveux de Victor étaient blonds; ils commencent à brunir.

Justin a des gants verts.
L'eau du puits est verdâtre.
Il conviendrait de verdir ces balustres.
Les bois verdoient au printemps.
La campagne est ravissante au mois de mai à cause de sa verdure.

Le fusain, la suie sont noirs.
J'ai remarqué sur le pavé du sang noirâtre.
Philippe est noiraud.

Le soleil noircit le teint.
La noirceur de l'ébène me plaît.

Tout le sang n'est pas rouge.
Je me promenais un soir; je regardai la lune.
Elle était rougeâtre.
J'aime à voir la rougeur du ciel, quand le soleil se lève.
On rougira les carreaux de mon antichambre.

Vous n'avez pas de bas blancs.
Le peintre a des couleurs blanchâtres.
Il faut tenir les enfants blanchement.
La blancheur de la neige éblouit les yeux.
La blanchisseuse blanchit le linge.
Je dépense par an 100 fr. pour mon blanchissage.

Adrien avait une veste bleue.
Nous avons vu souvent de la flamme bleuâtre.
Le cuivre bleuit au feu.

Le doreur dorera mon livre sur tranches.
Les fruits dorés plaisent à l'œil.
Argenter, c'est couvrir de feuilles d'argent.
Un argenteur est un ouvrier qui argente les métaux.
On a volé à ma tante son argenterie.

TRENTE-QUATRIÈME LEÇON.

PRÉPOSITIONS *excepté* ET *malgré*. — LOCUTION PRÉPOSITIVE *au lieu de.*

Trop long.
> Vous êtes tous raisonnables, mais Georges et Alfred ne le sont pas.
> Vos souliers sont cirés; ceux de Jean ne le sont point.
> J'aime tous les sourds-muets, mais je n'aime pas ceux qui sont méchants et polissons.

— 45 —

Trop long.
- Chaque jour, les professeurs viennent faire leur classe; ils ont congé le dimanche et le jeudi.
- Auguste a donné du chocolat à ses camarades; il n'en a donné ni à François ni à Emile.
- M. Pélissier est satisfait du travail de ses élèves, mais il se plaint de la paresse d'Adolphe.

Plus court.
- Vous êtes assez raisonnables, excepté Georges et Alfred.
- Vos souliers sont cirés, excepté ceux de Jean.
- J'aime tous les sourds-muets, excepté les méchants et les polissons.
- Chaque jour, excepté le dimanche et le jeudi, les professeurs viennent faire leur classe.
- Auguste a donné du chocolat à ses camarades, excepté à Emile et à François.
- M. Pélissier est satisfait du travail de ses élèves, excepté de celui d'Adolphe.

Assez bien dit.
- Ordinairement quand il tonne, on ne sort pas.
- Hier il tonnait, et malgré cela je sortis.
- Ordinairement, on ne travaille pas, lorsqu'on est indisposé.
- André est indisposé, et malgré cela il travaille.
- M. Chomat avait défendu au domestique de faire du feu dans sa chambre, et malgré cela le domestique y a allumé un bon feu.

Mieux dit.
- Hier, je sortis malgré le tonnerre.
- André travaille malgré son indisposition.
- Le domestique a fait du feu dans la chambre de M. Chomat, malgré sa défense.

Un peu long.
- On doit se supporter. Mais vous ne le faites pas : vous vous fâchez les uns contre les autres.
- Les élèves doivent bien profiter de leur temps. Quand je suis arrivé, vous bavardiez pendant l'étude.

Bien mieux dit.
- Vous vous fâchez les uns contre les autres, au lieu de vous supporter.
- Quand je suis arrivé, vous bavardiez, au lieu d'étudier.

TRENTE-CINQUIÈME LEÇON.

DEUX ÉLÈVES CAUSENT ENSEMBLE.

CYPRIEN.

Edouard, de quoi fait-on la toile et le drap?

ÉDOUARD.

On fait la toile de chanvre ou de lin, le drap de laine.
Dis-moi, mon ami, où viennent la laine, le chanvre et le lin?

CYPRIEN.

La laine vient sur les moutons, le chanvre et le lin dans les champs.
Sais-tu à quoi sert la toile?

ÉDOUARD.

Oui, mon ami; elle sert à faire des vêtements légers, des draps de lit, des nappes, etc.
Et toi, dis-moi à quoi sert le drap?

CYPRIEN.

Il sert à faire des vêtements chauds.
Pardonne-moi de te demander maintenant de quelle utilité sont les vêtements.

ÉDOUARD.

Ils nous couvrent le corps, et nous garantissent de la pluie et du froid.
Fait-on le cuir avec du drap ou avec de la toile?

CYPRIEN.

Tu sais aussi bien que moi qu'on le fait avec de la peau de cheval, de bœuf, de chèvre, etc.
Que fait-on avec le cuir?

ÉDOUARD.

On en fait des souliers, des bottes, des longes, des brides, des selles, etc.
A quoi servent les souliers et les bottes?

CYPRIEN.

Ils servent à nous préserver les pieds de l'humidité, des cailloux, des épines, etc.
Quel nom donne-t-on à l'ouvrier qui fait les harnais?

ÉDOUARD.

On le nomme sellier ou bourrelier.
Changeons de sujet. Dis-moi d'où nous viennent l'eau et le vin.

CYPRIEN.

L'eau nous vient des nuages; on fait le vin avec du raisin.
Tout le raisin est-il rouge?

ÉDOUARD.

Non, mon ami, il y en a de blanc aussi.
De quel raisin fait-on le vin blanc?

CYPRIEN.

Le plus souvent de raisin blanc.
Quel vin préfères-tu?

ÉDOUARD.

Je préfère le rouge.
Quels services nous rendent l'eau et le vin?

CYPRIEN.

L'eau arrose la terre, elle sert aussi à laver, à nous désaltérer.
Le vin nous fortifie, si nous le prenons avec modération.
Comment appelle-t-on celui qui fait le vin?

ÉDOUARD.

On l'appelle vigneron.
Comment fait-il le vin?

CYPRIEN.

Il cueille le raisin, l'écrase dans de grandes cuves; et quand le vin a fermenté, il le met en barriques.

TRENTE-SIXIÈME LEÇON.

Conseiller, s'empresser, tarder, être étonné, prendre garde, etc., SUIVIS DE VERBES A L'INFINITIF.

M. Orsoni était souffrant.
Je lui ai conseillé de prendre des remèdes.

On est allé chercher le médecin, et il s'est empressé de venir.

Pierre tardait à arriver.
On a été { étonné / surpris } de le trouver pendu derrière la porte du vestiaire.

Le malade dort.
Prenez garde de faire du bruit.
Cela l'éveillerait.

Clément avait oublié de fermer sa cage.
Ses oiseaux se sont envolés.

René est tombé en courant.
Sa bonne l'a aidé à se relever.

Joseph craignait d'être puni, parce qu'il avait négligé d'étudier.

Jean ne voulait pas s'en aller.

Je l'ai { forcé / obligé / contraint } à quitter la classe.

Charles est étourdi et parfois très insolent.
Son professeur l'exhortera à changer de conduite.

Je retourne chez moi.
Je charge Henri de vous surveiller et de vous expliquer cette leçon.

Je vous pardonne d'avoir été un peu paresseux les premiers jours du nouvel an.

Auguste m'a demandé pardon de m'avoir désobéi.

J'ai lu vos livres avec plaisir.
Je vous remercie de me les avoir prêtés.

Eugène se repent d'avoir été méchant et de s'être révolté.

TRENTE-SEPTIÈME LEÇON.

ADVERBES ET LOCUTIONS ADVERBIALES.

Emile, quelle heure est-il?
— Il est *environ* trois heures.
as-tu de l'argent?
— *Pas beaucoup.*
combien en as-tu?
— J'ai *environ* 4 francs.

Jean, éteins le feu; la classe est *suffisamment* chaude.
as-tu dîné?
— *Suffisamment.*

Auguste se livre { *tout à fait* / *entièrement* } à l'étude, voilà pourquoi il fait des progrès de plus en plus sensibles.

Basile n'a jamais eu d'ordre; *il s'est tout à fait* ruiné.

Edouard est { *presque* / *à peu près* } mort.
Sa sœur est *presque* idiote.

Tout à l'heure j'ai vu M. Chomat.
Je le reverrai *tantôt*.
J'irai *tout à l'heure* parler à M. le directeur.
On est venu *tantôt* me chercher.

Quand on vous appelle, venez { *tout de suite.* / *aussitôt.* }
Je vais m'en aller *tout de suite*.

La science est estimable, mais la vertu l'est { *davantage.* / *bien plus.* }
Si vous étiez raisonnables, vos maîtres vous aimeraient *bien davantage*.

Le malade a dormi *seulement* une demi-heure.
M. le censeur est venu *seulement* pour savoir si le professeur était à son poste.

Ici on vous traite tous *également*.
M. Gratien était *également* chéri et respecté.

Vous n'êtes pas riches.
Je ne le suis pas *non plus*.

M. Rivière n'a pas de fusil.
Il n'a pas de sabre *non plus*.

Rieul n'est point réfléchi.
Au contraire, il est très léger et fort dissipé.

Vous n'aimez ni le chocolat ni le café au lait. Moi, *au contraire*, je les aime à la folie.

Non-seulement Gabriel n'est pas savant, mais encore il est très ignorant.

Un chrétien doit aimer *non-seulement* ses amis, mais même ses ennemis.

TRENTE-HUITIÈME LEÇON.

IDIOTISMES *tant mieux, tant pis*.

Aujourd'hui, le temps est magnifique.
Tant mieux. vous pourrez vous amuser dans la cour.
Le malade a eu une transpiration abondante la nuit dernière.
Tant mieux : cela l'a soulagé.
Si Louise se conduit bien, *tant mieux* pour elle : elle sera estimée et heureuse.

Vincent a tardé à revenir des vacances.
Tant pis : il est maintenant à la queue de sa classe.
M. Dubois a quitté l'institution, *tant pis* pour vous : vous avez perdu un maître instruit et zélé.
Si la guerre éclate, *tant pis :* le sang coulera, et bien des m illes seront dans l'affliction.

TRENTE-NEUVIÈME LEÇON.

Que RESTRICTIF.

M. Chambellan écrit :	Henri écrit :
Henri, appelle Gustave et François.	Gustave, François, venez.
Les as-tu appelés tous deux ?	Oui, Monsieur.
Caresse Gustave.	
As-tu caressé François ?	Non, Monsieur, j'ai caressé seulement Gustave.
	Je n'ai caressé *que* Gustave (mieux).

Souhaite une bonne santé à Jean, à Martin et à Emile.	
Les as-tu caressés ?	Non, je leur ai souhaité une bonne santé à tous trois.
Donne une chiquenaude à Georges, à Auguste, à Jean ou à Charles.	
En as-tu donné à tous quatre ?	Non, Monsieur, je n'ai donné une chiquenaude *qu'*à Jean.

Je n'ai *que* 2 francs dans ma bourse.
Je ne bois *que* de l'eau.
Manuel ne mange *que* du pain sec.
M. Landes ne sort *que* le soir.
Vous n'êtes à l'Institution *que* depuis trois ans.
Aujourd'hui, je n'ai été satisfait *que* du travail de Jules.
Samedi dernier, M. Lenoir ne donna de bonnes notes *qu'*à deux de ses élèves.

QUARANTIÈME LEÇON.

CONJUGAISON DE QUATRE VERBES IRRÉGULIERS.

Acquérir.	S'enfuir.	Prévoir.	Vaincre.

Indicatif.

Présent.

J'acquiers *de la science.*	Je m'enfuis.	Je prévois *des malheurs.*	Je vaincs *un ennemi.*
Tu acquiers	Tu t'enfuis.	Tu prévois	Tu vaincs
Il acquiert	Il s'enfuit.	Il prévoit	Il vainc
N. acquérons	N. n. enfuyons.	N. prévoyons	N. vainquons
V. acquérez	V. v. enfuyez.	V. prévoyez	V. vainquez
Ils acquièrent	Ils s'enfuient.	Ils prévoient	Ils vainquent

Passé indéfini.

J'ai acquis	Je me suis enfui.	J'ai prévu	J'ai vaincu

Passé défini.

| 'acquis | Je m'enfuis. | Je prévis | Je vainquis |

Futur.

| 'acquerrai | Je m'enfuirai | Je prévoirai | Je vaincrai |

| Conj. de même : onquérir, econquérir. | | | Conj. de même : convaincre. |

QUARANTE-UNIÈME LEÇON.

Cependant, néanmoins, pourtant, toutefois.

Ordinairement on se chauffe, quand il fait froid.
Il fait froid, et *cependant* je ne me chauffe pas.

Ordinairement on ne se promène pas, lorsqu'il pleut.
Il pleut, et *néanmoins* M. Chomat se promène dans la cour sans parapluie.

Ordinairement on est fatigué, quand on a bien couru.
Je viens de courir, et *pourtant* je ne suis pas fatigué.

La raison commande de ne rechercher que ce qui rend heureux.
Les richesses ne rendent pas heureux, et *toutefois* on les recherche avidement.

On disait que Benjamin ne viendrait pas, *cependant* le voici.
Mon débiteur m'avait promis de me payer, *néanmoins* il ne l'a pas encore fait.

Voltaire était fort savant, *pourtant* il a commis de grandes fautes.
L'espérance trompe souvent, *toutefois* chacun la conserve.

QUARANTE-DEUXIÈME LEÇON.

RÉGIMES DES VERBES *ressembler, plaire, profiter, etc.*

Baptiste ressemble moitié à son père, moitié à sa mère.
Il est difficile de plaire à tout le monde.
Il ne faut nuire à personne.
Madame Delaville a survécu à sa fille.
Rébecca substitua Jacob à Esaü.

On ne peut comparer l'abbé Sicard à l'abbé de l'Epée. L'un, quoique savant, était ambitieux. L'autre était modeste et généreux; il ne songeait qu'au bonheur des sourds-muets.

Ma belle-sœur préfère l'eau au vin.
Je préfère Louis à Jules.

Le jour succède à la nuit.
M. de Col succéda à M. de Lanneau.

Joignez votre cahier au mien.
Lubert est fort, je suis faible.
Joignez-vous à moi pour le terrasser.

Il est sage de proportionner sa dépense à son revenu.
Il faut proportionner le remède au mal.

Samson vengea les Israélites des Philistins.
M. Vinches part pour votre pays.
Profitez de cette occasion pour donner de vos nouvelles à vos parents.
Je me réjouis avec vous de la bonne fortune qui vous arrive.

QUARANTE-TROISIÈME LEÇON.

EXPRESSIONS PROVERBIALES.

Moreau marche comme une tortue,	c'est-à-dire :	Moreau marche lentement.
Louis court comme un lièvre,	...	Louis court fort vite.
César parle comme un livre,	...	César parle avec facilité.
Simon est laborieux comme une fourmi,	...	Simon est très laborieux.
Jean est méchant comme un âne rouge,	...	Jean est bien méchant.
Laurent mange comme quatre,	...	Laurent mange beaucoup.
Il boit comme un trou,	...	Il boit beaucoup et avec excès.
André est beau comme le jour,	...	André est très beau.
Françoise est laide comme une chenille,	...	Françoise est d'une laideur repoussante.
Elise chante comme un rossignol,	...	Elise chante agréablement.
Pierre crie comme un beau diable,	...	Pierre jette de grands cris.
Etienne ment comme un arracheur de dents,	...	Etienne est un grand menteur.
Félix est capricieux comme une chèvre,	...	Félix est très capricieux.
Lucas parle comme un ivrogne,	...	Lucas déraisonne, dit des bêtises.
Joseph est bavard comme une pie,	...	Joseph parle beaucoup et inutilement.
Mon canif coupe comme un rasoir,	...	Mon canif coupe bien.
Michel tremble comme une feuille,	...	Michel a grand'peur.
Ernest marche à reculons comme une écrevisse,	...	Ernest recule au lieu d'avancer.
Victor fut mouillé jusqu'aux os,	...	Victor fut bien mouillé.
Ces deux frères se ressemblent comme deux gouttes d'eau,	...	Ces deux frères se ressemblent parfaitement.

QUARANTE-QUATRIÈME LEÇON.

ÉTUDE DE MOTS PAR DÉRIVÉS.

Mon bâton est un peu long.
Je le raccourcirai.
Cette corde est trop courte.
Allongeons-la en la tirant.
L'orateur a parlé longuement, ce qui a fort ennuyé l'assemblée.
La longueur des nuits fait consommer beaucoup d'éclairage.
L'allongement de l'avenue de la Santé serait à désirer.
Le raccourcissement de mon habit me force à en acheter un nouveau.

Mon chapeau n'est pas assez large.
Il me gêne un peu.
Je le ferai élargir.
On demande l'élargissement de la rue Saint-Jacques.
Cette toile a tant de largeur.
Ce monsieur vit largement.
Mon paletot est trop grand.
On le rapetissera.
Mon manteau est trop petit.
On l'agrandira.
L'homme grandit jusqu'à vingt ans.
Vous vous trompez grandement.
Martin se conduit petitement.
L'homme, en considérant sa petitesse, s'humilie devant Dieu.
Le châtiment doit répondre à la grandeur du forfait.
On abattit plusieurs maisons pour l'agrandissement de la place de la Bastille.

Les abeilles nous donnent le doux miel.
La douceur est opposée à la colère.

Le malade va tout doucement.
On peut adoucir l'acide du citron avec du sucre.
Le lait d'ânesse est adoucissant.
Il y a quelque adoucissement dans le temps.

Bordeaux est une des plus belles villes de France.
La beauté de cette gravure ravit tout le monde.
On a embelli la salle des exercices.
Les embellissements de la capitale sont coûteux.

L'armurier fabrique des armures comme casques, cuirasses, et même des armes à feu comme fusils, pistolets, canons.
Le sabre et la baïonnette sont des armes blanches.
Saül voulut armer lui-même David.
L'Angleterre fit de formidables armements.
L'empereur commande l'armée.

QUARANTE-CINQUIÈME LEÇON.

ALFRED RÉPOND AUX QUESTIONS DU PROFESSEUR.

LE PROFESSEUR.

Alfred, d'où sors-tu à midi?

ALFRED.

De la salle de dessin.

LE PROFESSEUR.

Où vas-tu alors?

ALFRED.

Je vais dîner.

LE PROFESSEUR.

D'où es-tu?

ALFRED.

Je suis de Montbard (Côte-d'Or).

LE PROFESSEUR.

A quelle époque es-tu entré à l'Institution?

ALFRED.

Le 24 octobre 1859.

LE PROFESSEUR.

Depuis combien de temps y es-tu?

ALFRED.

J'y serai depuis trois ans le 24 octobre prochain.

LE PROFESSEUR.

En quelle qualité as-tu été admis?

ALFRED.

En qualité de boursier du gouvernement.

LE PROFESSEUR.

Quel âge avais-tu en arrivant?

ALFRED.

Né le 24 octobre 1849, j'avais au juste dix ans.

LE PROFESSEUR.

Quel âge auras-tu, quand tes études seront terminées?

ALFRED.

Actuellement, j'ai douze ans; je m'en irai dans cinq ans. J'aurai donc dix-sept ans.

LE PROFESSEUR.

Quel état penses-tu prendre?

ALFRED.

Je serai dessinateur ou tourneur.

LE PROFESSEUR.

Si tu ne pouvais rien gagner, comment vivrais-tu?

ALFRED.

Je crois que mes bons parents, qui ont de la fortune, me viendraient en aide.

LE PROFESSEUR.

Comment se fait-on des amis?

ALFRED.

En se conduisant bien, et en remplissant tous ses devoirs.

LE PROFESSEUR.

Sais-tu pourquoi on ne s'intéresse pas aux gens qui se conduisent mal?

ALFRED.

Ils ne le mériteraient pas : au lieu d'inspirer le moindre intérêt, ils ne peuvent inspirer que de l'aversion.

LE PROFESSEUR.

Qu'est-ce qui les condamne?

ALFRED.

La raison et la justice.

LE PROFESSEUR.

Pourquoi?

ALFRED.

Parce que la raison et la justice n'aiment que le vrai et le beau.

QUARANTE-SIXIÈME LEÇON.

CONJUGAISON DE QUATRE VERBES IRRÉGULIERS.

Bouillir. | Croître. | Résoudre. | Vêtir.

Indicatif.

Présent.

	Je croîs en sagesse.	Je résous un problème.	Je vêts un manteau imperméable.
	Tu croîs	Tu résous	Tu vêts
Le lait bout	Il croît	Il résout	Il vêt
	Nous croissons	Nous résolvons	Nous vêtons
Les aliments	Vous croissez	Vous résolvez	Vous vêtez
bouillent	Ils croissent	Ils résolvent	Ils vêtent

Passé indéfini.

	J'ai crû	J'ai résolu	J'ai vêtu
Il a bouilli.			
Ils ont bouilli.			

Passé défini.

	Je crûs	Je résolus	Je vêtis
Il bouillit			
Ils bouillirent			

Futur.

	Je croîtrai	Je résoudrai	Je vêtirai
Il bouillira			
Ils bouilliront			
	Conj. de même : accroître, décroître.		Conj. de même : dévêtir, revêtir.

QUARANTE-SEPTIÈME LEÇON.

LOCUTIONS ADVERBIALES *de plus en plus, de moins en moins, etc.*

Il y a deux mois, Jean travaillait peu.
Le mois dernier, il travaillait assez.
Maintenant, il travaille beaucoup.
Depuis deux mois, Jean travaille *de plus en plus.*

Au contraire, François s'appliquait beaucoup, et à présent il s'applique peu.
François s'applique *de moins en moins.*

Raoul peignait passablement l'année dernière.
Il y a six mois, il peignait assez bien.
Actuellement, il peint bien.
Raoul peint *de mieux en mieux.*

Prosper écrivait mal la semaine dernière.
Avant-hier et aujourd'hui, il a écrit très mal.
Prosper écrit *de pis en pis.*

Joseph devient *de jour en jour* plus intraitable.
Les pauvres mendient *de porte en porte.*
Les papillons et les abeilles voltigent *de fleurs en fleurs.*

QUARANTE-HUITIÈME LEÇON.

ADJECTIFS AYANT DES VERBES POUR RÉGIMES. — EMPLOI DE QUELQUES IDIOTISMES.

Paulin est { heureux / content } d'être à Paris.
Je suis { bien aise / enchanté } de vous voir en bonne santé.

Jean est { ennuyé / contrarié } d'être fréquemment puni.

Antoine est { fâché / affligé / désolé } de ne pas recevoir de nouvelles de sa famille.

Michel est honteux de n'avoir pas eu de prix.
Jules est fier d'en avoir eu beaucoup.
Théodore est menacé de perdre un œil.
Lucien est inquiet de ne pas voir arriver sa mère.

Le malade est { obligé / forcé / contraint } de garder le lit.

L'homme est libre de faire le bien ou le mal.
Je suis pressé de finir la lettre que j'écris.

Vous avez raison de travailler.
Ayez soin d'écrire à votre oncle demain.
Vous auriez tort de ne pas le faire.
Royer a envie d'acheter une maison de campagne.
Emma aurait grand besoin d'être surveillée.
Vous avez peur de vous tromper en récitant vos leçons.

Vous avez l'air de vous moquer de moi.
Auguste a eu la complaisance de tailler la plume de Georges.
M. Landes aura la bonté de me prêter son journal.
J'ai le regret de vous annoncer que Rivet est à l'agonie.
Dans peu de temps, vous aurez le plaisir de retourner dans votre pays.
Lacoste a eu le malheur de perdre son père dernièrement.
J'ai le bonheur de posséder encore le mien.
Je n'ai pas le temps de causer avec vous en ce moment.
Nous n'avons pas l'honneur de connaître ces gens.

QUARANTE-NEUVIÈME LEÇON.

PASSÉ DE L'IMPÉRATIF.

Henri écrit :
Félix, entre.
fais ton devoir, et puis va te baigner.

sois entré avant l'arrivée du professeur.
soyons entrés.
Léon, Gustave, *soyez entrés.*

aie fait ton devoir à trois heures.
ayons fait notre...
ayez fait votre...

sois-toi baigné avant le dîner.
soyons-nous baignés
soyez-vous baignés

CINQUANTIÈME LEÇON.

SUBSTANTIFS COLLECTIFS.

J'ai acheté une paire de gants d'été.
un paquet de plumes d'oie.
un cahier de papier à lettres.
une main de papier commun.
une rame de papier brouillard.

M. Huguenin père avait une collection de tableaux et de statues.
On a recueilli une grande quantité de blé.
Il y a à l'institution nombre d'élèves.
Le chasseur a une meute de chiens.

J'ai rencontré ce matin une troupe de polissons au bout de la rue du Faubourg Saint-Jacques.

Une foule de pauvres reçoivent des secours.
La plupart des hommes sont inconstants.
La multitude des étoiles nous remplit d'admiration.
La flotte russe a détruit la flotte turque.
Mais l'armée de terre des Turcs a défait celle des Russes.
Le peuple Anglais est aussi industrieux que le peuple Français.

CINQUANTE-UNIÈME LEÇON.

FORMULES DE POLITESSE.

Henri, je crois que tu aimes le vin.
— Vous vous trompez, Monsieur, pardonnez-moi de vous le dire. Je n'aime pas cette boisson. (Trop long.)

Pardonnez-moi,
Je vous demande pardon, } Monsieur, je n'aime pas cette boisson. (Plus court.)
Pardon,

— Non, Monsieur, je n'aime pas cette boisson. (Peu poli.)

Je crois que tu ne te plais pas dans cette maison.
— Tout au contraire, Monsieur, je vous en demande bien pardon. Je me plais infiniment dans cette maison. (Trop long.)

— *Pardonnez-moi*, Monsieur, je me plais infiniment dans cette maison. (Plus court.)

— Si, Monsieur, je me plais infiniment dans cette maison. (Peu poli.)

Blaise, M. le répétiteur m'a dit que tu n'as pas su ta leçon ce matin.
— *Pardon,* Monsieur, je n'ai fait aucune faute en la récitant.
Je pense que tu n'auras pas de vacances à Pâques.
— *Pardonnez-moi,* Monsieur, j'irai passer huit jours dans ma famille à cette époque.

CINQUANTE-DEUXIÈME LEÇON.

ADJECTIFS INDÉFINIS *tel, quelconque, certain.*

Daniel, voici des livres, des images et des canifs.
Tu peux choisir de ces objets.

Prends *tel* livre que tu voudras. (Plus court.)
telles images...
tels canifs...

Apporte-moi un cahier mince ou épais, neuf ou vieux, rouge, bleu ou jaune.
Apporte-moi une plume taillée ou non taillée, bonne ou mauvaise, de fer ou d'oie.

Apporte-moi un cahier *quelconque.* (Plus court.)
une plume *quelconque.*

J'ai trouvé une chose que je ne veux pas nommer.
J'ai trouvé *certaine* chose. (Plus court.)
Certaines personnes se plaignent hautement de vous.
Certains élèves de la classe de 1re année ont été bien peu appliqués cette semaine, au dire de leur répétiteur.

CINQUANTE-TROISIÈME LEÇON.

VERBES PRONOMINAUX EMPLOYÉS DANS LE SENS PASSIF.

Le vin se boit.	On boit le vin.
Le pain se mange.	On mange le pain.
Le linge se lave.	On lave le linge.

Le chanvre, le lin, la laine se filent.	On file le chanvre, le lin, la laine.
Le blé, le seigle, le maïs, l'avoine se sèment.	On sème le blé, le seigle, le maïs, l'avoine.
Les jeunes arbres se plantent.	On plante les jeunes arbres.
Les journaux se lisent.	On lit les journaux.

Votre larcin ne peut se tenir caché (ne peut être caché).
Cela se voit rarement (a lieu rarement).

CINQUANTE-QUATRIÈME LEÇON.

SUBJONCTIF. — INTRODUCTION.

Henri, sauras-tu la leçon demain?
— Oui, Monsieur.
Et toi, Alfred, la sauras-tu?
Oui, Monsieur.

Henri et Alfred assurent qu'ils sauront la leçon demain

Henri est studieux, et je suis certain qu'il la saura.
Mais Alfred est paresseux, et je doute qu'il la sache.

Jean dit qu'il a la colique, et me prie de lui permettre de quitter la classe.
Il ment quelquefois. Je ne crois pas qu'il ait la colique.

François chancelle.
Je crains qu'il n'ait trop bu.

M. Nau-Beaupré n'a plus sa tabatière d'argent.
Il est possible qu'on la lui ait volée, ou qu'il l'ait perdue.

Antoine est pâle et sans appétit.
Pensez-vous qu'il soit malade?

Vous êtes distraits et désobéissants.
Il faut que vous soyez attentifs, et que vous obéissiez à vos supérieurs.

Je suis fatigué.
Je désire qu'on vienne me chercher en voiture.

On croyait que Pierre était raisonnable.
On est étonné qu'il se soit évadé.

René est mon ami.
Je suis fâché qu'il ait été puni.

J'ordonne que vous étudiez debout.
Il convient que vous le fassiez.

CINQUANTE-CINQUIÈME LEÇON.

SUBJONCTIF. — CONJUGAISON DES VERBES *avoir* ET *être*, DES VERBES RÉGULIERS EN *er*, *ir*, *oir* ET *re*, ETC.

Présent ou futur.

On est contrarié que maintenant........
On ne croit pas que demain............
Est-il vrai que.....................?
etc.

J'*aie* besoin de sortir.	Je *sois* fort occupé.
Tu *aies*	Tu *sois*
Il *ait*	Il *soit*
Nous *ayons*	Nous *soyons* fort occupés.
Vous *ayez*	Vous *soyez*
Ils *aient*	Ils *soient*

Je frapp	*e*	Je pun	*isse*	Je reç	*oive*	J'étend	*e*
Tu	*es*	Tu	*isses*	Tu	*oives*	Tu	*es*
Il	*e*	Il	*isse*	Il	*oive*	Il	*e*
Nous	*ions*	Nous	*issions*	N. rec	*evions*	Nous	*ions*
Vous	*iez*	Vous	*issiez*	V.	*eviez*	Vous	*iez*
Ils	*ent*	Ils	*issent*	Ils reç	*oivent*	Ils	*ent*

J'aill e	Je fass e		
Tu es	Tu es		
Il e	Il e	Il faille	Il pleuve
N. all ions	N. fass ions		
V. iez	V. iez		
Ils aill ent	Ils ent		

Je puiss e	Je sach e	Je veuill e
Tu es	Tu es	Tu es
Il e	Il e	Il e
N. ions	N. ions	N. voul ions
V. iez	V. iez	V. iez
Ils ent	Ils ent	Ils veuill ent

Passé.

On doute que ce matin.......
Il n'est pas vrai que hier.....
Croit-on que..................?
etc.

J'aie eu la migraine.	J'aie été calme.
Tu aies eu	Tu aies été
Il ait eu	Il ait été
Nous ayons eu	Nous ayons été calmes.
Vous ayez eu	Vous ayez été
Ils aient eu	Ils aient été

J'aie frappé	Je me sois baigné.	Je sois sorti.
Tu aies puni	Tu te sois repenti.	Tu sois monté au grenier.
Il ait reçu	Il se soit confessé.	Il soit venu.
N. ayons fait	N. n. soyons battus.	N. soyons allés à Bicêtre.
V. ayez voulu	V. v. soyez	V. soyez
Ils aient	Ils se soient	Ils soient

CINQUANTE-SIXIÈME LEÇON.

SUBJONCTIF. — DÉVELOPPEMENT.

Présent.	Futur.	Passé.
Il n'est pas vrai qu'il fasse beau temps aujourd'hui.	Il n'est pas certain qu'il fasse beau temps demain.	Il n'est pas vrai qu'il ait fait beau temps hier.
Il est impossible que vous sortiez chaque jour.	Il est impossible que vous sortiez lundi prochain.	Il est impossible que vous soyez sortis samedi dernier.
Le médecin doute que Maurice jouisse ordinairement d'une bonne santé.	Le médecin doute que Maurice jouisse d'une bonne santé jusqu'à sa mort.	Le médecin doute que Maurice ait joui d'une bonne santé depuis sa naissance.
Je veux que Vincent apprenne sa leçon en ce moment.	Je veux que Vincent apprenne sa leçon à trois heures et demie.	Je veux que Vincent ait appris sa leçon à quatre heures.
J'exige que vous fassiez toujours bien votre devoir.	J'exige que vous fassiez votre devoir, jeudi, avant la promenade.	J'exige que vous ayez fait votre devoir avant sept heures.
Croyez-vous que Charles ait assez soin de ses livres ?	Croyez-vous que M. Rivière ait la bonté de vous prêter ce soir une petite somme ?	Croyez-vous que Jean ait eu mal à la tête ce matin ?
Les maîtres d'étude craignent que vous ne vous conduisiez mal.	Les maîtres d'étude craignent que vous ne soyez punis cette semaine.	Les maîtres d'étude craignent que quelques-uns de vous ne se soient cachés pour ne pas aller au bain.
Je souhaite que vous soyez contents et heureux.	Je souhaite que vous soyez récompensés tous à la fin de l'année.	Je souhaite que mon père soit arrivé chez lui sain et sauf.
Je ne pense pas que Raffin puisse écrire une lettre sans aide.	Je ne pense pas que Henri veuille s'en aller dans quelques mois.	Je ne pense pas que vous ayez bien travaillé pendant l'absence de M. le répétiteur.

CINQUANTE-SEPTIÈME LEÇON.

CHARLES ET GILBERT RÉPONDENT AUX QUESTIONS QUI LEUR SONT ADRESSÉES.

LE PROFESSEUR.

Charles, où es-tu allé à sept heures et demie ?

CHARLES.

Dans la salle d'écriture.

LE PROFESSEUR.

D'où es-tu venu à cinq heures et demie ?

CHARLES.

Du dortoir.

LE PROFESSEUR.

En quelle saison sommes-nous ?

CHARLES.

Nous sommes en hiver.

LE PROFESSEUR.

Dans quel mois sommes-nous ?

CHARLES.

En février.

LE PROFESSEUR.

Quel est le quantième du mois ?

CHARLES.

Le 15.

LE PROFESSEUR.

En quelle année sommes-nous ?

CHARLES.

En 1862.

LE PROFESSEUR.

Depuis quand sommes-nous en 1862?

CHARLES.

Depuis un mois et quinze jours.

LE PROFESSEUR.

Gilbert, que fait-on le premier de l'an?

GILBERT.

On se souhaite une bonne année; on fait des cadeaux à ses amis, on donne des bonbons aux enfants.

LE PROFESSEUR.

Par qui les bonbons sont-ils faits?

GILBERT.

Par le confiseur.

LE PROFESSEUR.

Pour qui?

GILBERT.

Pour les friands.

LE PROFESSEUR.

Es-tu sorti le 1er janvier

GILBERT.

Non, Monsieur.

LE PROFESSEUR.

Pourquoi?

GILBERT.

J'étais en retenue, parce que je n'avais pas bien travaillé depuis deux semaines.

LE PROFESSEUR.

Tu n'as donc pas eu d'étrennes?

GILBERT.

Non, Monsieur.

LE PROFESSEUR.

Cela t'a-t-il été indifférent?

GILBERT.

Non, Monsieur, j'ai été bien puni.

LE PROFESSEUR.

Seras-tu encore paresseux?

GILBERT.

Non certes, Monsieur.

LE PROFESSEUR.

Tu feras très bien, mon ami : la paresse est un vilain défaut, qui rend vicieux et malheureux.

CINQUANTE-HUITIÈME LEÇON.

LOCUTIONS CONJONCTIVES.

Depuis que j'habite Paris, je n'ai point été malade.
Madame Rieul est bien triste, *depuis qu'*elle a perdu son fils.

Pierre portera l'habit de pénitence, *jusqu'à ce qu'*il ait changé de conduite.
Charles restera à l'Institution, *jusqu'à ce qu'*il soit devenu assez instruit.

Pour ⎫ *qu'*on soit content de vous, il suffit que vous rem-
Afin ⎭ plissiez régulièrement tous vos devoirs.
Vous allez au catéchisme, *afin que* M. l'aumônier vous prépare à la première communion.

Je suis arrivé, *avant que* vous eussiez fait la prière.
Dimanche je viendrai vous voir, *avant que* vous partiez pour la promenade.

Luc regardait voler les mouches, *tandis que* ses camarades étudiaient.
Tandis que sa sœur s'ennuie à mort, René se divertit.

Dès que le soleil se lève, le coq chante.
Je vous expliquerai la leçon, *dès que* vous l'aurez copiée.

CINQUANTE-NEUVIÈME LEÇON.

EXPRESSIONS FIGURÉES.

Napoléon Ier était un aigle, c'est à dire :	Napoléon avait l'esprit pénétrant.
Crepin est un ours.	... Crepin fuit la société, vit dans la solitude.
Calixte est une girouette.	... Calixte change d'opinion à tout moment.
M. Nau a une belle tête.	... M. Nau est un bel homme.
Le lièvre a l'oreille fine.	... Le lièvre entend le moindre bruit.
Madame Herblot a l'oreille dure.	... Madame Herblot n'entend pas bien.
Le soldat français a du cœur.	... Le soldat français a du courage.
Il combat de pied ferme.	... Il combat hardiment.
Il ne lâche pas pied devant l'ennemi.	... Il ne recule pas devant l'ennemi.

4

Il y a plus de deux cents bouches à nourrir dans cette maison.	Il y a plus de deux cents personnes à nourrir dans cette maison.
Maurin est à la tête de sa classe.	Maurin est le plus instruit des élèves de sa classe.
Bertin est à la queue de la sienne.	Bertin est le moins avancé de ses condisciples.
Je n'ai pas de bonnes jambes.	Je ne vais pas bien à pied.
On n'aime pas les mauvaises langues.	On n'aime pas les personnes médisantes.
L'abbé de l'Epée avait pour les sourds-muets un cœur de père.	L'abbé de l'Epée avait pour les sourds-muets un amour paternel.
Une maladie menace les jours de Victorine.	Victorine est atteinte d'une maladie, dont elle mourra peut-être.
L'instruction est le fruit de l'étude.	L'étude produit l'instruction.
Donnez-moi de la lumière.	Donnez-moi une chandelle ou une lampe allumée.
Respectez les cheveux blancs.	Respectez les vieillards.
Donnez la main à l'homme malheureux.	Secourez les malheureux.
Jetez-vous dans les bras de Dieu, et vous serez consolés dans ce monde et dans l'autre.	Implorez la protection de Dieu avec confiance et ferveur, et vous serez heureux sur la terre et dans le ciel.

SOIXANTIÈME LEÇON.

ÉTUDE DE MOTS PAR DÉRIVÉS.

La brebis est faible.
Vous résistez faiblement à la tentation.
On a pitié de votre faiblesse.
L'âge affaiblit la mémoire.
L'affaiblissement de Pierre m'attriste.
L'éléphant est le plus fort des animaux.
Saisissez fortement Jules.

La force extraordinaire de Samson épouvanta les Philistins.
Le bon vin fortifie l'estomac.
Les fortifications de Paris furent bâties sous Louis-Philippe Ier.
Il y a des remèdes fortifiants.
Il y en a aussi d'affaiblissants.

Nous aimons à respirer l'air pur et frais.
La pluie rafraîchit l'atmosphère.
Elle la purifie quelquefois.
La fraîcheur des matinées est très agréable.
Les troupes marchèrent la nuit pour aller fraîchement.
Ingres dessine très purement.
La pureté de vos sentiments vous fait des amis.
La purification du sang soutient la santé.

Les dogues sont courageux.
Ce prince supporte courageusement l'infortune.
Les plaisirs amollissent le courage.
L'exemple des officiers doit encourager l'armée.
M. le Directeur, lors de votre examen, vous adressa des paroles encourageantes.
L'industrie, le commerce, l'agriculture, les arts ont besoin d'encouragements.
Les injustices, qu'on fit à cet employé, le découragèrent tout à fait.
Voyant le découragement de ses soldats, le général leva le siége.
Edme étudie depuis longtemps, mais ses progrès sont nuls.
C'est bien décourageant pour ses parents.

Arnal est adroit comme un singe.
Mon ami a conduit votre affaire fort adroitement.
Je désirerais avoir autant d'adresse que lui.
Vous avez la main maladroite.
Cette machine a été exécutée maladroitement.
La maladresse de cet ouvrier l'a fait congédier.

SOIXANTE-UNIÈME LEÇON.

PRONOMS CONJONCTIFS *à qui, auquel,* etc.

J'aime un monsieur. J'ai donné une canne à ce monsieur.	J'aime le monsieur, { *à qui* / *auquel* } j'ai donné une canne.
J'ai vu ce matin une dame. Vous lui avez offert un bouquet avant-hier.	J'ai vu ce matin la dame, { *à qui* / *à laquelle* } vous avez offert un bouquet avant-hier.
Madame Vaïsse a distribué des secours à des pauvres. Madame de Col visitera ces pauvres.	Madame de Col visitera les pauvres, { *à qui* / *auxquels* } Madame Vaïsse a distribué des secours.
J'ai rencontré des amies. Je leur ai parlé de la maladie de ma femme.	J'ai rencontré des amies, { *à qui* / *auxquelles* } j'ai parlé de la maladie de ma femme.
Georges a demandé du tabac à un maître. Ce maître lui a dit qu'il n'en avait plus.	Le maître, *auquel* Georges a demandé du tabac, lui a dit qu'il n'en avait plus.
Mon frère a prêté de l'argent à deux négociants. Ils ne tarderont pas à le rembourser.	Les deux négociants, *à qui* mon frère a prêté de l'argent, ne tarderont pas à le rembourser.

SOIXANTE-DEUXIÈME LEÇON.

PRONOMS CONJONCTIFS *dont, de qui,* etc.

Je viens de recevoir une lettre d'un ancien élève. J'ai été son professeur.	J'ai été le professeur de l'ancien élève, { *dont* / *de qui* / *duquel* } je viens de recevoir une lettre.

M. Cros s'est moqué d'une petite fille boudeuse. Nous ne la connaissons pas.	Nous ne connaissons pas la petite fille boudeuse, { *dont* / *de qui* / *de laquelle* } M. Cros s'est moqué.
Trois domestiques m'ont parlé grossièrement. Je m'en plaindrai à M. le directeur.	Les trois domestiques, { *dont* / *de qui* / *desquels* } je me plaindrai à M. le directeur, m'ont parlé grossièrement.
Les couturières de Madame Duchamp font bien ses robes. Elle en est contente.	Les couturières, { *dont* / *de qui* / *desquelles* } Madame Duchamp est contente, font bien ses robes.
On se couvre la tête d'un chapeau pendant l'été. Ce chapeau est léger et blanc.	Le chapeau, *dont* on se couvre la tête pendant l'été, est léger et blanc.
Voilà de la moutarde, j'en ai goûté.	Voilà de la moutarde, *dont* j'ai goûté.
J'ai mangé des gâteaux. Vous n'en aviez pas voulu.	J'ai mangé des gâteaux, *dont* vous n'aviez pas voulu.

SOIXANTE-TROISIÈME LEÇON.

PRONOMS CONJONCTIFS APPLICABLES A DES PERSONNES
ET PRÉCÉDÉS D'UNE PRÉPOSITION.

Ce matin, M. Orsoni a été rencontré par un ami. Je connais beaucoup cet ami.	Je connais beaucoup l'ami, *par* { *qui* / *lequel* } M. Orsoni a été rencontré ce matin.

M. Coldefy dansera avec une demoiselle. Nous n'avons pas vu cette demoiselle.	Nous n'avons pas vu la demoiselle, avec $\begin{cases} qui \\ laquelle \end{cases}$ M. Coldefy dansera.
Des enfants ont été sages. J'ai acheté des bonbons pour eux.	Les enfants, pour $\begin{cases} qui \\ lesquels \end{cases}$ j'ai acheté des bonbons, ont été sages.
Des sourdes-muettes se sont révoltées contre des maîtresses d'étude. Ces maîtresses les ont réprimandées, et les ont mises aux arrêts.	Les maîtresses d'étude, contre $\begin{cases} qui \\ lesquelles \end{cases}$ des sourdes-muettes se sont révoltées, les ont réprimandées, et les ont mises aux arrêts.

SOIXANTE-QUATRIÈME LEÇON.

PRONOMS CONJONCTIFS APPLICABLES A DES OBJETS
ET PRÉCÉDÉS D'UNE PRÉPOSITION.

Le chat a attrapé une souris sous un pupitre. Ce pupitre appartient à Denis.	Le pupitre, *sous lequel* le chat a attrapé une souris, appartient à Denis.
Alfred a renversé une chaise. J'avais posé mon carton dessus.	Alfred a renversé la chaise, *sur laquelle* j'avais posé mon carton.
Emile s'est caché derrière deux tableaux. On les emportera.	On emportera les deux tableaux, *derrière lesquels* Emile s'est caché.
Jean a placé un banc devant deux portes. Elles étaient fermées.	Les deux portes, *devant lesquelles* Jean a placé un banc étaient fermées.

Le crayon, *avec lequel* j'écris, est mauvais.
Raffin a vidé la bouteille, *dans laquelle* j'avais versé de l'huile à brûler.

SOIXANTE-CINQUIÈME LEÇON.

PRONOMS CONJONCTIFS *où, d'où.*

Le malade va se mettre au lit. Il s'y endormira.	Le malade va se mettre au lit, { *où* / *dans lequel* } il s'endormira.
J'irai ce soir sur la terrasse ; je m'y promènerai, j'y prendrai l'air.	J'irai ce soir sur la terrasse, *où* je me promènerai, et *où* je prendrai l'air.
Nous avons visité les jardins du Luxembourg et des Tuileries. Nous nous y sommes assis sous des arbres.	Nous avons visité les jardins du Luxembourg et des Tuileries, { *où* / *dans lesquels* } nous nous sommes assis sous des arbres.
Je pêcherai dans des rivières. Ces rivières sont poissonneuses.	Les rivières, { *où* / *dans lesquelles* } je pêcherai, sont poissonneuses.
Gérard arrive d'un pays. Ce pays est très fertile en blé et en vin.	Le pays, *d'où* Gérard arrive, est très fertile en blé et en vin.
Des loups sont sortis de quelques forêts. On coupera ces forêts.	On coupera les forêts, *d'où* des loups sont sortis.

Hector, va là *d'où* Edouard vient.
   mène Joseph là *où* Félix s'est baigné.

SOIXANTE-SIXIÈME LEÇON.

VERBES ET ADJECTIFS QUI DEMANDENT TOUJOURS L'EMPLOI DU SUBJONCTIF.

Il faut que nous aimions Dieu.	Faut-il que nous désobéissions à nos parents?	Il ne faut pas que nous fassions le mal.
Il est possible que M. Bonnefous parte demain pour Moissac.	Est-il possible que M. Bonnefous parte demain pour Moissac?	Il n'est pas possible que M. Bonnefous parte demain pour Moissac.
Il est impossible que Duvivier se soit révolté, car il est très doux et très soumis.	Est-il impossible qu'il pleuve ce soir?	Il n'est pas impossible que l'un de vous soit absent lundi.
Il semble que Charles soit fou.	Semble-t-il que Charles soit fou?	Il ne semble pas que Charles soit fou.
On est { étonné surpris } que Paul veuille s'en aller.	Est-on étonné que le docteur Menière soit mort prématurément?	On n'est pas étonné que vous écriviez moins correctement que les parlants.
M. le censeur { veut désire souhaite demande aime } que vous soyez attentifs.	M. le censeur veut-il que vous soyez récompensés ? Etc.	M. le censeur ne veut pas que vous soyez inappliqués. Etc.
Le maître d'écriture { ordonne exige } que vous teniez bien votre plume.		

M. le directeur défend que vous passiez dans le jardin.

Il permet que vous jouiez dans la cour.

Il consent que vous sortiez avec vos parents ou avec vos correspondants.

J'attends que François ait fini.

Je suis $\begin{Bmatrix} \text{content} \\ \text{satisfait} \\ \text{bien aise} \\ \text{enchanté} \end{Bmatrix}$ que Henri ait remporté beaucoup de prix.

M. Massias est $\begin{Bmatrix} \text{fâché} \\ \text{contrarié} \\ \text{désolé} \end{Bmatrix}$ que son fils ne sache pas bien le calcul.

SOIXANTE-SEPTIÈME LEÇON.

SUITE DE LA PRÉCÉDENTE.

On approuve que les plus forts d'entre vous aident les plus faibles.

On trouve mauvais que plusieurs quittent deux ou trois fois la classe par jour.

Il est naturel que nous ayons pitié des malheureux.

Il est { bon / utile / important / nécessaire / indispensable } que vous vous livriez assidûment à l'étude.

Il convient que vous saluiez vos maîtres.

Il est faux que nous ayons tenu des propos contre M. le maire et ses adjoints.

Il est juste que le crime soit châtié.

Il est injuste que l'innocence soit persécutée.

Il est prudent que les malades se fassent soigner.

Pour être estimés, il suffit que vous vous conduisiez bien.

Il me tarde déjà que vous soyez assez instruits.

— 83 —

Il est {fâcheux / contrariant} que Gustave ait du mal aux yeux.	
Il est {étonnant / surprenant} que Martin, qui est assez intelligent, fasse des progrès très lents.	
Vous niez que le domestique ait volé.	
Je crains que mon ennemi ne vienne.	Est-ce que je crains que mon ennemi vienne?	Je ne crains pas que mon ennemi vienne.
On doute que vous puissiez comprendre ce livre.	Doute-t-on que vous puissiez comprendre ce livre?	On ne doute pas que vous ne puissiez comprendre ce livre.
Madame Coudret empêche que sa demoiselle ne se marie.	Madame Coudret empêche-t-elle que sa demoiselle ne se marie?	Madame Coudret n'empêche pas que sa demoiselle ne se marie.

SOIXANTE-HUITIÈME LEÇON.

VERBES ET ADJECTIFS QUI NE DEMANDENT L'EMPLOI DU SUBJONCTIF QUE QUAND LA PROPOSITION PRINCIPALE EST INTERROGATIVE OU NÉGATIVE.

M. Rivière croit que M. Orsoni est sorti à midi.	M. Rivière croit-il que M. Orsoni soit sorti à midi?	M. Rivière ne croit pas que M. Orsoni soit sorti à midi.
M. André espère que ses élèves auront de brillants succès.	M. André espère-t-il que ses élèves aient de brillants succès?	M. André n'espère pas que ses élèves aient de brillants succès.

— 84 —

Vous pensez que Raoul restera encore quelque temps à l'Institution.	Pensez-vous que Raoul reste encore quelque temps à l'Institution?	Vous ne pensez pas que Raoul reste encore quelque temps à l'Institution.
Il nous semble que Jean et Antoine sont souffrants.	Nous semble-t-il que Jean et Antoine soient souffrants?	Il ne nous semble pas que Jean et Antoine soient souffrants.
On { assure, affirme, certifie, soutient } que Pierre est un bon enfant.	Assure-t-on que Pierre soit un bon enfant?	On n'assure pas que Pierre soit un bon enfant.
Il est { vrai, certain, sûr } que l'empereur et l'impératrice iront aux Pyrénées l'été prochain.	Est-il vrai que l'empereur et l'impératrice aillent aux Pyrénées l'été prochain?	Il n'est pas vrai que l'empereur et l'impératrice aillent aux Pyrénées l'été prochain.
Le beau temps { annonce, prouve } que la récolte sera abondante.	Le beau temps annonce-t-il que la récolte soit abondante?	Le beau temps n'annonce pas que la récolte soit abondante.
M. Cros { présume, augure } que Georges écrira assez bien aujourd'hui.	M. Cros présume-t-il que Georges écrive assez bien aujourd'hui?	
M. Coldefy { parie, gage } que Henri peut terrasser Auguste.	M. Coldefy parie-t-il que Henri puisse terrasser Auguste?	
Le méchant { soupçonne, se doute } qu'on dit du mal de lui.	Le sage soupçonne-t-il qu'on dise du mal de lui?	
		Etc.

L'orgueilleux {s'imagine / se figure} que personne ne peut mieux faire que lui.	L'homme modeste s'imagine-t-il que personne ne soit plus capable que lui?
Il est {probable / vraisemblable} que M. le ministre viendra bientôt visiter l'école.	Est-il probable que M. le ministre vienne bientôt visiter l'école?
Il est {évident / manifeste / notoire} que le sourd-muet sans instruction a quelque idée de la Divinité.	Est-il évident que le sourd-muet sans instruction n'ait aucune idée de la Divinité?

SOIXANTE-NEUVIÈME LEÇON.

CONVERSATION ENTRE VICTOR ET SON PÈRE QUI VIENT LE VOIR.

VICTOR.

Je suis enchanté de te voir, mon père. T'es-tu toujours bien porté?

LE PÈRE.

Oui, mon fils. Et toi?

VICTOR.

Je suis bien aise que tu te sois bien porté. Ma santé à moi a été constamment bonne aussi.
Comment va ma mère ?

LE PÈRE.

Très bien. Elle aurait été heureuse de venir avec moi.

VICTOR.

Cela m'aurait fait un grand plaisir. Et mon frère et ma sœur, se portent-ils bien ?

LE PÈRE.

François jouit d'une excellente santé. Elisa a été malade la semaine dernière. Elle va beaucoup mieux aujourd'hui.

VICTOR.

Le mieux de ma sœur me réjouit. Je lui souhaite une prompte guérison. Donne-moi, je te prie, des nouvelles de mon oncle et de ma tante.

LE PÈRE.

Tous deux vont bien. Ils m'ont chargé de te dire bien des choses affectueuses de leur part.

VICTOR.

Je suis bien sensible à leur bon souvenir.

LE PÈRE.

Tes maîtres sont-ils contents de toi ?

VICTOR.

Je crois que oui.

LE PÈRE.

Je désire voir M. le Censeur.

VICTOR.

Monte dans son cabinet. . . . .

LE PÈRE.

Mon cher enfant, M. le Censeur m'a dit qu'on était satisfait de ta conduite, mais que ton application n'était pas assez soutenue, et que tes progrès étaient un peu lents.
Je t'engage donc à être bien appliqué, à beaucoup lire, à travailler avec courage.

VICTOR.

Je redoublerai, je t'assure, d'ardeur et d'application dans mes études.

LE PÈRE.

C'est bien.
Dis-moi ce dont tu as besoin.

VICTOR.

Mon bon père, j'ai besoin d'une paire de gants, d'un portemonnaie et de 8 francs.

LE PÈRE.

Je t'enverrai le tout dans quelques jours.
Que feras-tu de ton argent?

VICTOR.

J'emploierai 2 fr. à payer mes petites dettes. Je garderai le reste pour mes menus plaisirs.

LE PÈRE.

Je te recommande de ne pas prodiguer ton argent, de ne plus emprunter et de m'écrire, quand tu auras besoin de quelque chose.
Adieu, mon cher fils. Sois bien sage et bien laborieux.

VICTOR.

Adieu, mon cher père. Embrasse pour moi, je te prie, ma bonne mère, mon frère et ma sœur, sans oublier de présenter mes amitiés à mon oncle, à ma tante, à mes cousins et à mes cousines.

SOIXANTE-DIXIÈME LEÇON.

CONJUGAISON DE QUATRE VERBES IRRÉGULIERS.

Dissoudre.	Maudire.	Mouvoir.	Paître.

Indicatif.

Présent.

Je dissous *du sucre.*	Je maudis *les persécuteurs.*	Je meus *une pierre.*	
Tu dissous	Tu maudis	Tu meus	
Il dissout	Il maudit	Il meut	Le poulain paît.
N. dissolvons	N. maudissons	N. mouvons	
V. dissolvez	V. maudissez	V. mouvez	Les bestiaux
Ils dissolvent	Ils maudissent	Ils meuvent	paissent.

Passé indéfini.

J'ai dissous	J'ai maudit	J'ai mu	
			Il a pu.
			Ils ont pu.

Passé défini.

	Je maudis	Je mus	

Futur.

Je dissoudrai	Je maudirai	Je mouvrai	
			Il paîtra.
			Ils paîtront.

Conj. de même : absoudre.		Conj. de même : émouvoir.	Conj. de même : repaître.

SOIXANTE-ONZIÈME LEÇON.

PRONOMS DÉMONSTRATIFS-CONJONCTIFS.

Enlevez *ce qui* est sur mon pupitre.
Prenez *ce que* je tiens.
Dites-moi *ce dont* vous avez besoin.
— Nous avons besoin d'argent.

Effacez *ce qui* est écrit sur vos ardoises.
Dites-moi *ce qui* vous attriste.
— La mort de M. Menière.

Montrez *ce que* vous avez dans vos poches.
Demandez à Ferdinand *ce qu'*il veut.
— Il veut un cahier neuf et épais.

Savez-vous *ce dont* M. Valade se plaint?
— Il se plaint de l'étourderie et de l'opiniâtreté de Jules.
Savez-vous *ce dont* parlent les journaux?
— Ils parlent de la politique sage et prévoyante de l'empereur.

Alfred est incorrigible, c'est *ce qui* désole ses maîtres.
M. Letellier est gravement malade, *ce que* je viens d'apprendre.
Henri se conduit bien et travaille de même, c'est *ce dont* nous le félicitons.

SOIXANTE-DOUZIÈME LEÇON.

ADVERBES ET LOCUTIONS ADVERBIALES D'AFFIRMATION, DE DOUTE, ETC.

Théophile, iras-tu en vacances?
— *Sans doute*, Monsieur.

Théophile, Géréon ira-t-il?
— *Probablement,*
— *Vraisemblablement,* } Monsieur.

je pense que tu veux devenir instruit?
— *Certainement,*
— *Assurément,* } Monsieur.

j'espère que tu viendras te promener avec moi dimanche?
— *Bien volontiers.*

aide Georges.
— *De bon cœur.*
cède-lui cette image.
— *A regret,* Monsieur, car elle m'amuse beaucoup.

je crois que M. Huguenin est un habile professeur de dessin.
— *D'accord,* Monsieur.

cet homme est honnête, rendons-lui le service qu'il nous demande.
— Eh bien, *soit.*
viens passer la soirée chez moi aujourd'hui. On se réunira à neuf heures.
— *Sans façon,* Monsieur, et je vous remercie *d'avance* de votre bon accueil.

SOIXANTE-TREIZIÈME LEÇON.

NOMS DE MULTIPLES ET DE FRACTIONS.

Henri, donne une orange à Emile.
   le double à François.
   le triple à Joseph.

Henri, donne *le quadruple* à Martin.
   le quintuple à Vincent.
   le sextuple à Gustave.
   le décuple à Victor.
   le centuple à Edouard.

Auguste, partage une pomme en deux parties égales.
   manges-en *une moitié*.
   écrase *l'autre moitié*.

   voici six marrons.
   portes-en *la moitié* à Frédéric.
     le tiers à Pierre.

   apporte huit biscuits de Reims.
   offres-en *la moitié* à Adolphe.
     le quart à Georges.

   demande quinze cornichons au cuisinier.
   donnes-en *le tiers* à Antoine.
     le cinquième à David.

   prends dix-huit poires.
   fais-en cuire *le sixième*.

   envoie à Etienne *le septième* de 21 prunes.
     le huitième de 24 figues.
     le neuvième de 36 noix.
     le dixième de 40 noisettes.
     le vingtième de 60 amandes.
     le cinquantième de 100 grenades.
     le centième de 1,000 grappes de raisin.

SOIXANTE-QUATORZIÈME LEÇON.

APPLICATION DE LA RÈGLE GÉNÉRALE A L'EMPLOI DU PARTICIPE. — 1ʳᵉ RÉCAPITULATION.

SANS ACCORD.	AVEC ACCORD.
M. Blin a vendu ses propriétés.	M. Blin avait des propriétés; il les a vendues.
Je suis revenu du marché avec des gâteaux. Comme ma nièce a été sage pendant mon absence, je lui en ai donné deux.	Je suis revenu du marché avec des gâteaux. Comme ma nièce a été sage pendant mon absence, je les lui ai donnés tous.
Combien avez-vous acheté de livres?	Combien de livres avez-vous achetés?
Par quelles villes avez-vous passé en allant à Calais?	Quelles villes avez-vous traversées en allant à Calais?
Marie s'est blessé la main gauche (à elle).	Marie s'est blessée à la main gauche (elle-même).
Elle s'est piqué un doigt (à elle).	Elle s'est piquée à un doigt (elle-même).
Des enfants se sont jeté des pierres (les uns aux autres).	Des enfants se sont jetés à la rivière (eux-mêmes).
Ils se sont soustrait des joujoux (les uns aux autres).	Ils se sont soustraits à une punition (eux-mêmes).
Vous vous êtes dit des injures (les uns aux autres).	Les injures, que vous vous êtes dites, vous ont porté tort (injures dites).
Victorine et Louise se sont adressé des compliments (l'une à l'autre).	Les compliments, que Victorine et Louise se sont adressés, étaient convenables (compliments adressés).
La servante s'est proposé de tromper sa maîtresse (à elle-même).	La servante s'est proposée pour accompagner sa maîtresse (elle-même).
Elle s'est imaginé qu'on l'approuvait (à elle-même).	

Ces trois personnes se sont parlé (à elles réciproquement).
Elles se sont plu (à elles réciproquement).
Nous nous sommes écrit (les uns aux autres).
M. Orsoni et M. Mathieu se sont succédé dans la surveillance (l'un à l'autre).

Les sommes, qu'il a fallu pour élever le Louvre, sont énormes (fallu avoir).
Combien d'années votre oncle a-t-il demeuré à Bruxelles? (demeuré pendant combien d'années).
Combien d'heures le malade a-t-il dormi? (dormi pendant combien d'heures).
Avez-vous oublié les jours que le père Célestin a prêché à Saint-Roch? (les jours pendant lesquels ce capucin a prêché).

SOIXANTE-QUINZIÈME LEÇON.

ÉTUDE DE MOTS PAR DÉRIVÉS.

Notre jardinier cultive bien le jardin.
Il entend le jardinage.
J'avais un jardinet, dans lequel je ne pouvais cultiver que quelques fleurs.
Ma femme a une jardinière d'acajou.

Le laboureur laboure.
On donne deux ou trois labours aux terres, avant de les ensemencer.

J'achèterai cent arpents de terres labourables.
Le frère de Joseph a quitté le labourage pour le commerce.
Les biens terrestres sont périssables.
Vennat a les mains terreuses.
Les renards, les blaireaux, etc., se terrent.
Le lapin est sorti de son terrier.
Il faut mettre du terreau au pied des arbres fruitiers.
Mon ami a un beau terrain pour bâtir.
Le terroir de la Bourgogne est bon pour les vins.
Les productions du territoire français sont très variées.
Au Jardin des Plantes, il y a de magnifiques terrasses.
Un grand nombre de terrassiers font des terrassements au chemin de fer.
On fera terrasser cette muraille lézardée.

L'empereur chasse dans les forêts de Compiègne et de Fontainebleau.
J'aime à me promener dans les champs.
Il y a des gardes champêtres, comme il y a des gardes forestiers.
Séverin demeure à la campagne.
Le village de Pessac n'est pas éloigné de Bordeaux.
L'air est vif sur les montagnes.
Paris est peut-être la plus belle cité d'Europe.
Les campagnards, les villageois et les montagnards sont plus robustes que les citadins.
L'Auvergne est un pays montagneux.
Les paysans russes étaient esclaves avant 1859.

SOIXANTE-SEIZIÈME LEÇON.

SENS PROPRE.	SENS FIGURÉ.
Tout est vert au printemps.	Le vieux Lonca est encore vert.
Je donnerai aux pauvres mes habits usés.	Le jeune Marcel est déjà usé.

La mer est profonde.	La perte de mon grand-père m'a causé une profonde affliction.
Le papier est léger.	Une légère dispute s'est élevée entre M. Cros et M. Dutrénit.
L'âne porte des fardeaux lourds.	On n'aime pas le style lourd.
Le temps est clair.	Vos pensées ne sont pas claires.
J'ai pris un bouillon chaud.	Lagarde a la tête chaude.
Vous mangez quelquefois du pain tendre.	Les tendres mères sont chéries.
Lacoste a un bras raide.	Martial est un homme raide.
Nous avons eu hier une matinée bien froide.	Nicolas est un homme froid.
Les chemins sont secs.	On m'a fait une réponse sèche.
Girard a le corps sain.	Alphonse a l'esprit sain.
L'aloës est amer.	On m'a fait d'amers reproches.
Le jonc est souple.	Faron est d'un caractère souple.
J'ai bu de l'eau fraîche.	J'ai des nouvelles fraîches de ma famille.
On aime les enfants obéissants.	Voilà du cuir obéissant.

SOIXANTE-DIX-SEPTIÈME LEÇON.

CONJUGAISON DE QUATRE VERBES IRRÉGULIERS.

Eclore. | Frire. | Médire. | Nuire.

Indicatif.

Présent.

	Je fris *une sole.*	Je médis.	Je nuis *à cette affaire.*
Voilà un bouton qui éclôt.	Tu fris	Tu médis.	Tu nuis
	Il frit	Il médit.	Il nuit
	N. faisons frire	N. médisons.	N. nuisons
Voilà des œufs qui éclosent.	V. faites frire	V. médisez.	V. nuisez
	Ils font frire	Ils médisent.	Ils nuisent

Passé indéfini.

Il est éclos.	J'ai frit	J'ai médit.	J'ai nui
Ils sont éclos.			

Passé défini.

	Je fis frire	Je médis.	Je nuisis

Futur.

	Je frirai	Je médirai.	Je nuirai
	Tu friras		
Il éclôra.	Il frira		
	N. ferons frire		
	V. ferez frire		
Ils éclôront.	Ils feront frire		
		Conj. de même : prédire, dédire, contredire, interdire, confire.	

SOIXANTE-DIX-HUITIÈME LEÇON.

ADVERBES ET LOCUTIONS ADVERBIALES DE TEMPS.

A midi, un monsieur a frappé à ma porte.
Alors étant occupé, je n'ai pu le recevoir.

En revenant, j'ai rencontré par hasard un filou qui avait voulu me voler. *Alors* il s'est jeté à mes pieds, et m'a supplié de ne pas le faire arrêter.

Vous avez été bien peu appliqués cette semaine.

J'espère que vous emploierez mieux votre temps *dorénavant*.

D'ordinaire, les sots sont présomptueux.

M. Orsoni est répétiteur,
Il était maître d'étude *auparavant*.

Vous allez sortir; mais, *auparavant*, demandez-en la permission à M. le Directeur.

Jadis la ville de Paris n'était pas belle, comme elle l'est actuellement.

Vous êtes éloignés de vos parents.
Vous les rejoindrez *dans peu de temps*.

M. le docteur Blanchet a été nommé *il y a peu de temps* médecin en chef de l'Institution.

Jules mourut le 25 avril.
Le lendemain, il fut inhumé.
La veille, il avait reçu la communion.

Maurin partit pour Londres le 8 janvier.
Il y arriva *le surlendemain*.
L'avant-veille, il avait pris ses passe-ports.

Lors de son mariage, Mouchel avait 33 ans.
La terre trembla, *lors de la* mort de Jésus-Christ.

SOIXANTE-DIX-NEUVIÈME LEÇON.

IMPARFAIT ET PLUS-QUE-PARFAIT DU SUBJONCTIF. — INTRODUCTION.

Auguste, dis à Alfred que je suis fâché qu'il soit paresseux.	Alfred, M. Chambellan est fâché que tu sois paresseux.

5

Dis-lui qu'il faut qu'il étudie avec zèle dorénavant.	Il faut que tu étudies avec zèle dorénavant.
Dis-lui que je veux qu'il ait récité sa leçon avant midi.	M. Chambellan veut que tu aies récité ta leçon avant midi.
Dis-lui que M. le Directeur exige que vous soyez descendus des dortoirs à cinq heures et demie.	M. le Directeur exige que nous soyons descendus des dortoirs à cinq heures et demie.

Qu'as-tu fait?

— Monsieur, j'ai dit à Alfred que vous étiez fâché qu'il fût paresseux.
je lui ai dit qu'il fallait qu'il étudiât avec zèle dorénavant.
je lui ai dit que vous vouliez qu'il eût récité sa leçon avant midi.
je lui ai dit que M. le Directeur exigeait que nous fussions descendus des dortoirs à cinq heures et demie.

CONJUGAISON.

On doute que...
On n'a jamais pensé que...
Il serait utile que...
On voulait que...
Il aurait fallu que...
On avait exprimé le désir que...

J'*eusse* soin de....	Je *fusse* encouragé.
Tu *eusses*	Tu *fusses*
Il *eût*	Il *fût*
Nous *eussions*	Nous *fussions* encouragés.
Vous *eussiez*	Vous *fussiez*
Ils *eussent*	Ils *fussent*

Je frapp	*asse*	Je pun	*isse*	Je reç	*usse*	J'étend	*isse*
Tu	*asses*	Tu	*isses*	Tu	*usses*	Tu	*isses*
Il	*ât*	Il	*ît*	Il	*ût*	Il	*ît*
N.	*assions*	N.	*issions*	N.	*ussions*	N.	*issions*
V.	*assiez*	V.	*issiez*	V.	*ussiez*	V.	*issiez*
Ils	*assent*	Ils	*issent*	Ils	*ussent*	Ils	*issent*

Je *fisse* | Je *pusse* | Je *vinsse* | Je me condu*i*sisse prudemment.

J'eusse eu | J'eusse été
Tu eusses eu | Tu eusses été
Il eût eu | Il eût été
Nous eussions eu | Nous eussions été
Vous eussiez eu | Vous eussiez été
Ils eussent eu | Ils eussent été

J' eusse *frappé*	Je me fusse *baigné*	Je fusse *allé*
Tu eusses *puni*	Tu te fusses *repenti*	Tu fusses *sorti*
Il eût *reçu*	Il se fût *corrigé*	Il fût *venu*
N. eussions *su*	N. n. fussions	N. fussions
V. eussiez *fait*, etc.	V. v. fussiez	V. fussiez
Ils eussent	Ils se fussent	Ils fussent

QUATRE-VINGTIÈME LEÇON.

DÉVELOPPEMENT DE L'IMPARFAIT ET DU PLUS-QUE-PARFAIT DU SUBJONCTIF.

IMPARFAIT.	PLUSQUE-PARFAIT.
Je doute que Pierre travaillât maintenant, si on ne l'y contraignait.	Je doute que Pierre eût travaillé hier, si on ne l'y avait contraint.
L'autre jour, M. l'économe ordonna qu'on balayât la cour de bonne heure.	L'autre jour, M. l'économe ordonna qu'on eût balayé la cour de bonne heure.

Nous n'avons jamais pensé qu'Adolphe dût s'embarquer pour l'Afrique.	Nous n'avons jamais pensé qu'Adolphe se fût embarqué pour l'Afrique.
Quand Ernest et Alfred étaient auprès de leurs parents, ceux-ci voulaient qu'ils fissent leur prière tous les matins et tous les soirs.	Quand Ernest et Alfred étaient auprès de leurs parents, ceux-ci voulaient qu'ils eussent fait leur prière avant de sortir de leur chambre et de se mettre au lit.
Il aurait mieux valu que les ouvriers finissent leur ouvrage plus tôt.	Il aurait mieux valu que les ouvriers eussent fini leur ouvrage plus tôt.
J'avais exprimé le désir que mon fils et mon neveu vinssent à deux heures.	J'avais exprimé le désir que mon fils et mon neveu fussent venus à deux heures.
Il serait bon que j'arrivasse demain à huit heures du matin.	Il serait bon que je fusse arrivé demain à huit heures du matin.

QUATRE-VINGT-UNIÈME LEÇON.

DIALOGUE ENTRE PASCAL ET UN TAILLEUR.

PASCAL.

Monsieur, je dois assister à une noce samedi prochain. Prenez-moi mesure d'un habillement complet.

LE TAILLEUR.

Monsieur, vous me donnez une bonne commande. Dites-moi, comment voulez-vous qu'on vous habille?

PASCAL.

A la nouvelle mode.

LE TAILLEUR.

De quelle étoffe et de quelle couleur?

PASCAL.

Que l'habit et le pantalon soient de drap fin et noir, et le gilet de velours violet.

LE TAILLEUR.

Je vous servirai bien. J'espère que vous serez satisfait de la qualité et de la façon.

PASCAL.

Souvenez-vous qu'il me faut le tout pour samedi sans faute.

LE TAILLEUR.

Vous l'essaierez l'avant-veille, et je vous le remettrai samedi matin. Je serai exact.

PASCAL.

Combien me le ferez-vous payer?

LE TAILLEUR.

130 francs.

PASCAL.

C'est un peu cher. Je ne puis vous en offrir que 115 francs.

LE TAILLEUR.

On ne marchande pas avec moi. Je ne surfais point. Je vends au juste prix.

PASCAL.

120 francs, ou je m'en vais.

LE TAILLEUR.

Vous n'êtes pas raisonnable, Monsieur. Je ne gagne rien sur cet habillement. Je ne puis accepter votre prix.

PASCAL.

Monsieur, je vais ailleurs. Je crois qu'on sera plus accommodant.

LE TAILLEUR.

Pour vous obliger, je perds cette fois, mais à condition que vous continuerez de m'honorer de votre confiance.

PASCAL.

Certainement vous aurez ma pratique, si l'habit commandé me va à merveille.

LE TAILLEUR.

Je vous repète que vous n'aurez point à vous plaindre.

PASCAL.

Le marché est conclu. Je vous attendrai samedi sur les sept heures du matin. Je demeure rue d'Enfer, n° 84.

QUATRE-VINGT-DEUXIÈME LEÇON.

RÉGIMES DE QUELQUES ADJECTIFS.

Soyez dociles aux conseils de vos maîtres.
Soyez assidus à l'étude.
Soyez reconnaissants envers vos bienfaiteurs, indulgents envers vos ennemis.
Soyez bons pour vos frères et vos sœurs.
Gardez-vous de vous rendre importuns à vos amis.
La respiration et la nourriture sont $\begin{Bmatrix} \text{nécessaires} \\ \text{indispensables} \end{Bmatrix}$ à la vie.
La pluie et la chaleur sont utiles à la végétation.
Il est juste que chacun soit exact à ses devoirs.
L'excès du travail est nuisible à la santé.
La musique est agréable à l'oreille.
L'homme est semblable à Dieu par son âme immortelle.
La mémoire de l'abbé de l'Epée nous sera toujours chère et précieuse.
Le général Bertrand resta fidèle à Napoléon Ier.
Samson fut terrible aux Philistins.

Esope était plein d'esprit.
Jésus-Christ sortit du tombeau, victorieux de la mort.
Il est bien d'être avare de paroles.
Il est mal d'être prodigue de louanges.
Le traître est digne de la corde.
L'ingrat est indigne du moindre bienfait.
Le chat est fameux par son hypocrisie.
Ce malfaiteur était redoutable par ses crimes nombreux.

QUATRE-VINGT-TROISIÈME LEÇON.

PRÉPOSITIONS ET LOCUTIONS PRÉPOSITIVES.

Outre la langue française, on enseigne un état aux élèves ici.
Outre la somme de tant, mon avocat a reçu encore tant.

Je remettrai mille francs à ce monsieur, *moyennant* quoi nous serons quittes.
J'espère, *moyennant* la grâce de Dieu, remplir mes devoirs.

L'homme économe dépense { *selon* / *suivant* } son revenu.

Pierre ne sort jamais la nuit, { *de peur des* voleurs. / *de peur* d'être volé. }

Il ne va point dans la forêt, { *de crainte* d'accidents. / *de crainte* d'être dévoré par les bêtes féroces. }

René est *sur le point de* s'embarquer pour les Indes.
Il y va *dans l'espoir de* faire rapidement fortune.

Il faut être bienveillant *à l'égard de* tout le monde, juste *à l'égard des* domestiques.
On s'est mal conduit *à mon égard*.

Après-demain, vous irez tous à la campagne, *à l'exception de* Georges qui ne peut faire de longues courses.

Gustave a écrit à un de ses amis *à l'insu de* M. le Censeur.
Alfred est sorti de la classe *à mon insu*.

Il y a un dortoir *au-dessus des* classes du petit quartier.
L'atelier des menuisiers est *au-dessous de la* salle des exercices.
Je ne puis vous exprimer ce qui se passe *au dedans de* moi.
Quand mon père viendra à Paris, j'irai *au-devant de* lui.
M. Bernard demeure *en dehors de* la ville.

Bien.
En lisant beaucoup, vous prendrez l'habitude de la lecture.
Par beaucoup de travail et d'ordre, on parvient à une heureuse aisance.

Mieux.
A *force de lire,* vous prendrez l'habitude de la lecture.
A *force de travail* et *d'ordre,* on parvient à une heureuse aisanse.

QUATRE-VINGT-QUATRIÈME LEÇON.

CONJUGAISON DE QUATRE VERBES IRRÉGULIERS.

Défaillir.	Faillir.	Suffire.	Traire.

Indicatif.

Présent.

Je défaille		Je suffis	Je trais *les vaches.*
Tu défailles		Tu suffis	Tu trais
Il défaille		Il suffit	Il trait
N. défaillons		N. suffisons	N. trayons
V. défaillez		V. suffisez	V. trayez
Ils défaillent		Ils suffisent	Ils traient

Passé indéfini.

| J'ai défailli | J'ai failli me noyer. | J'ai suffi | J'ai trait |

Passé défini.

| Je défaillis | Je faillis | Je suffis | |

Futur.

| | | Je suffirai | Je trairai |
| | | Conj. de même : luire. | Conj. de même : distraire, extraire, soustraire. |

QUATRE-VINGT-CINQUIÈME LEÇON.

LOCUTIONS INTERROGATIVES.

Aujourd'hui Félix a cueilli des fruits dans le verger, et Eugénie des fleurs dans le parterre.

Qui a cueilli des fruits ? *Est-ce* Félix ?	Qu'a fait Eugénie ? *Est-ce qu*'elle a cueilli quelque chose ?
— Oui, c'est lui. *Est-ce* lui qui a cueilli des fleurs ?	— Oui. *Sont-ce* des fruits qu'elle a cueillis ?
— Non, c'est Eugénie qui en a cueilli.	— Non ; ce sont des fleurs, qu'elle a cueillies.

Quand ces deux enfants sont-ils allés au jardin ?
Est-ce aujourd'hui ?

5*

— Oui, c'est aujourd'hui.
Les fleurs sentent bon, *n'est-ce pas?*
— Oui, elles répandent une odeur agréable.
Les fruits mûrs sont mauvais, *n'est-ce pas?*
— Non, ils sont excellents.

QUATRE-VINGT-SIXIÈME LEÇON.

ETUDE DE MOTS PAR DÉRIVÉS.

Castelli souffre de l'estomac.
Massias n'a pas l'air souffrant.
Je suis tout souffreteux aujourd'hui.
Après de longues souffrances, Frédéric a succombé.

La maladie de Cusinot est guérissable.
On le soigne bien.
Il guérira.
Sa guérison réjouira ses parents.

Voici deux choses semblables.
Robert ressemble assez à son grand-père maternel.
Mon portrait n'est pas ressemblant.
On se trompe souvent à la ressemblance.

Voilà deux choses différentes.
Les témoins ont raconté le fait différemment.
Il y a peu de différence entre le cheval et le mulet.
Mon opinion diffère de la vôtre.

Le nouvel élève crie à tue-tête.
Il nous étourdit.
Les cloches sont étourdissantes.
J'avais perdu mes sens.
Je suis revenu de mon étourdissement.

Nous ne voulons pas ressembler à la brute.

La gourmandise et l'ivrognerie abrutissent l'homme.
Fuyons les plaisirs abrutissants.
La débauche a plongé Oscar dans l'abrutissement.

Le vin de Champagne enivre.
Evitons les boissons enivrantes.
Les buveurs sont dans l'enivrement.

Vingt hommes ne pourraient mouvoir ce gros caillou.
Les pois grossissent.
Les pluies ont grossi la rivière.
Il est tombé de la grêle de la grosseur d'un œuf.

Le boucher a acheté un bœuf gras.
M. le comte de Rubelles paie grassement ses valets.
La cuisinière a acheté de la graisse.
On engraisse la volaille.
Mon frère a beaucoup engraissé depuis un an.

Coumaud est bien maigre.
Eloi a de quoi vivre, mais fort maigrement.
La maigreur de ce cheval le rend propre à la course.
Elisabeth maigrit à vue d'œil.
Le jeûne amaigrit.
L'amaigrissement chez les personnes âgées est un mauvais présage.

Moure n'oublie pas les outrages.
Il s'en venge.
Il est vindicatif.
La vengeance est un sentiment bas.
N'agissez jamais par vengeance.

Jacques a inventé un nouveau jeu.
Cette invention n'est pas très utile.
Jean Gutenberg fut l'inventeur de l'imprimerie.
Les Français ont l'esprit inventif.

Les exploits de Jules César étonnèrent l'univers.
Vincent a une mémoire étonnante.
Cet enfant profite étonnamment.
Notre étonnement fut grand, quand l'empereur vint inopinément visiter l'école.

Un prisonnier s'est enfui de sa prison.
Le loup vient, fuyons à toutes jambes.
Les révoltés ont pris la fuite à travers les montagnes.
Des esclaves fugitifs ont porté la dévastation sur leur passage.

On a séparé dans la cave le vin vieux du nouveau.
Le juge a interrogé séparément les accusés.
Rien n'est plus pénible à des amis que la séparation.

Nous nous réunissons pour prier Dieu, pour chanter ses bienfaits.
Ces deux frères étaient éloignés depuis longtemps.
Leur réunion les a comblés de joie.

QUATRE-VINGT-SEPTIÈME LEÇON.

FORMES INFINITIVES. — INTRODUCTION.

Au lieu de	On dit :
Je crois que je suis indisposé.	Je crois être indisposé.
Je crains que je ne le sois encore demain.	Je crains de l'être encore demain.
Je ne pense pas que je l'aie été hier.	Je ne pense pas l'avoir été hier.
Vous espérez que vous aurez bientôt le plaisir d'embrasser vos parents.	Vous espérez avoir bientôt le plaisir d'embrasser vos parents.
Vous voulez que vous soyez bien nourris.	Vous voulez être bien nourris.

Vous désirez que vous ayez bien du bonheur.	Vous désirez avoir bien du bonheur.
Je consens que j'aille avec vous.	Je consens à aller avec vous.
Les préfets viendront à Paris, {pour/afin} qu'ils reçoivent des instructions de l'Empereur.	Les préfets viendront à Paris {pour/afin de} recevoir des instructions de l'Empereur.
Je vous dis adieu, avant que je m'en aille.	Je vous dis adieu, avant de m'en aller.
Je fais ma toilette, après que je me suis rasé.	Je fais ma toilette, après m'être rasé.
On s'instruit pendant qu'on lit, qu'on étudie.	On s'instruit en lisant, en étudiant.

QUATRE-VINGT-HUITIÈME LEÇON.

SUITE DES FORMES INFINITIVES.

PRÉSENT OU FUTUR.	PASSÉ.
Je crois avoir votre portefeuille.	Je crois avoir eu votre portefeuille.
Je crains de me tromper.	Je crains de m'être trompé.
J'espère finir mon travail à deux heures.	J'espérais avoir fini mon travail à une heure et demie.
Paul promet d'arriver à trois heures.	Paul avait promis d'être arrivé à trois heures et quart.
Vous {paraissez/semblez} fatigués.	Vous paraissez avoir beaucoup travaillé.
M. Bazin déclare devant le maire adopter Philippe pour son fils.	Je déclare avoir vu Baptiste escalader le mur.
Camélon ne se plaint pas d'être malade.	La petite Sophie se plaint d'avoir été maltraitée par sa bonne.
Je suis fâché de ne pouvoir aller chez mon frère demain.	Mon frère est fâché de n'avoir pu venir chez moi dimanche.
M. Orsoni est heureux d'apprendre que la santé de sa famille est excellente.	M. Rivière est heureux d'avoir reçu tout l'argent qui lui était dû.

Je nie avoir voulu du mal à votre ami.

J'assure ⎫
J'affirme ⎬ m'être trouvé là
Je soutiens ⎭
avant hier.

J'avoue avoir fait la faute que vous me reprochez.

Il faut avoir étudié pour savoir.

Etienne se repent de s'être mal conduit à mon égard.

Je vous félicite bien sincèrement d'avoir réussi dans vos projets.

Je vous remercie de m'avoir tiré d'embarras.

Je suis (bien reconnaissant) à (bien obligé)
M. Deroux d'avoir rendu de bons services à mon beau-père.

Grégoire a été mis aux arrêts pour s'être révolté.

Vital a été condamné à avoir la tête tranchée pour avoir commis un assassinat.

QUATRE-VINGT-NEUVIÈME LEÇON.

FIN DES FORMES INFINITIVES.

Bien dit.	Plus court et plus direct.
Je regarde Alfred, pendant qu'il danse.	Je regarde danser Alfred.
M. Lacarrière a entendu Madame de Col, pendant qu'elle chantait.	M. Lacarrière a entendu chanter Madame de Col.
Nous verrons le jardinier, pendant qu'il arrosera les fleurs.	Nous verrons le jardinier arroser les fleurs.
Je permets que Raoul sorte.	Je permets à Raoul de sortir,

M. le Directeur ordonne que le concierge ferme les portes à dix heures du soir.	M. le Directeur ordonne au concierge de fermer les portes à dix heures du soir.
Il défend que vous vous battiez.	Il vous défend de vous battre.
La pluie empêche que nous ne nous promenions.	La pluie nous empêche de nous promener.

QUATRE-VINGT-DIXIÈME LEÇON.

CONJONCTIONS ET LOCUTIONS CONJONCTIVES.

Tantôt Armand rit, *tantôt* il pleure, *tantôt* il crie.
Vous écrivez *tantôt* sur des ardoises, *tantôt* sur des tableaux.

A notre dîner, nous aurons pour dessert des poires *ou bien* des prunes.
Après-demain, on nous apportera *soit* des abricots, *soit* des pêches.

Nous devons aimer Dieu, *car* il est notre créateur.
Travaillez avec ardeur, *car* on n'obtient rien sans peine.
Vos parents sont bons, *car* ils vous envoient quelque chose tous les mois.

Les personnes, qui ont la vue faible, portent des lunettes.
Georges est myope.
Donc il a besoin de lunettes.

L'homme sage est heureux.
Or, Alexandre est sage.
Donc, il est heureux.

Soyez attentifs, { si vous n'êtes pas attentifs / *sinon* } je vous tirerai les oreilles.
Ne mentez pas, { si vous mentez / *sinon* } on ne vous croira plus.

Je paierai mon ouvrier, { *selon* / *suivant* } qu'il aura travaillé.

Un chien est entré dans la classe, *sans que* nous nous en soyons aperçus.

La raison, *ainsi que* la religion, nous commande de faire le bien et d'éviter le mal.

Je ferai savoir à votre père, *ainsi qu*'à votre mère, que je suis assez content de vous.

On ne doit jamais laisser les élèves seuls, *de peur qu*'ils ne fassent des sottises.

Défiez-vous des personnes que vous ne connaissez pas, *de crainte qu*'elles ne vous trompent.

QUATRE-VINGT-ONZIÈME LEÇON.

CONVERSATION ENTRE FRANÇOIS ET UN VIEIL AMI DE SA FAMILLE, QUI ARRIVE DE SON PAYS.

FRANÇOIS.

Je suis charmé de vous voir, Monsieur et cher ami.

L'AMI.

Vos parents se portent bien ; ils vous font dire bien des choses ; ils vous aiment toujours beaucoup.

FRANÇOIS.

J'apprends avec bonheur qu'ils jouissent d'une bonne santé. Je ne cesserai de faire mes efforts pour mériter de plus en plus toute leur affection. Parlez-moi, s'il vous plaît, de votre dame et de vos enfants.

L'AMI.

Ma femme et mes enfants ne sont pas venus avec moi ; ils sont restés à Bonifacio. Ils pensent quelquefois à vous. Dieu merci, ils sont bien portants comme vos bons parents.

FRANÇOIS.

Qu'y a-t-il de nouveau au pays ?

L'AMI.

Rien de nouveau, si ce n'est que la récolte s'y présente bien.

FRANÇOIS.

C'est très heureux. Espérons qu'elle parviendra à sa parfaite maturité.

L'AMI.

Vous plaisez-vous ici?

FRANÇOIS.

Oui, Monsieur, je m'y plais infiniment, car on m'instruit bien.

L'AMI.

Je repars après-demain pour Bonifacio. Que voulez-vous que je dise de votre part à vos parents?

FRANÇOIS.

Vous voudrez bien leur remettre un petit paquet. Je leur écrirai dans quelques jours. En attendant, vous les assurerez de tous mes sentiments. Soyez assez bon aussi pour présenter mes civilités à leurs voisins.

L'AMI.

Soyez certain que je n'y manquerai pas. Je vous trouve beaucoup plus aimable qu'avant votre entrée à l'école, je vous en félicite.

FRANÇOIS.

Votre visite m'a agréablement surpris. Je vous remercie de m'avoir apporté d'excellentes nouvelles de ma famille. N'oubliez pas, je vous prie, d'offrir mes respects à votre dame et de me rappeler au souvenir de vos chers enfants.

QUATRE-VINGT-DOUZIÈME LEÇON.

ADVERBES ET LOCUTIONS ADVERBIALES.

Antoine est *apparemment* souffrant.

Jean est { *réellement* / *vraiment* / *véritablement* } original.

M. le directeur viendra ici { *exprès* / *à dessein* } pour nous voir travailler.
J'irai chez M. Nicolle exprès pour avoir de ses nouvelles.

Manuel est parti *à la hâte*.
Vincent fait beaucoup de fautes, parce qu'il écrit *à la hâte*.

J'ai appelé le domestique, et il est venu { *sur-le-champ.* / *à l'instant.* }

M. Nau se démettra *volontairement* de son emploi.
Moreau a blessé Alfred *involontairement*.

Des gendarmes ont arrêté un homme qui avait volé une montre. Le voleur a voulu résister, mais les gendarmes l'ont conduit *par force* en prison.
Bertin m'avait fait du mal. Je lui ai pardonné *par charité*.
L'autre jour, j'ai emporté par { *erreur* / *méprise* } un cahier d'Auguste.

Un enfant ignorant ne peut devenir instruit { *tout à coup.* / *subitement.* / *en un instant.* }

Il le devient { *graduellement.* / *petit à petit.* }

Les animaux et les plantes croissent *petit à petit*.

La poudre s'enflamme *tout à coup*.
Un homme malade et souffrant perd *graduellement* les forces et la vie.
Celui qui est frappé de la foudre, les perd *subitement*.

QUATRE-VINGT-TREIZIÈME LEÇON.

Sens propre.	Sens figuré.
Mon barbier rase bien.	L'hirondelle rase quelquefois la surface de l'eau.
L'humidité rouille le fer.	L'oisiveté rouille l'esprit.
On dorera votre livre sur tranches.	Le soleil dore les moissons.
Les eaux, qui croupissent, deviennent puantes.	Nicolas croupit dans le vice.
Robert s'est noirci les mains de suie.	Raymond s'est noirci par beaucoup de méchancetés.
Madame Carbonnel blanchit mon linge.	Ce vieux courtisan a blanchi dans l'intrigue.
Il neige à gros flocons.	Il neige sur la tête de M. Dupuch.
Les nèfles mûrissent sur la paille.	Raoul mûrit.
Blanchet grandit vite.	Ballet grandit en sagesse.
La cuisinière fera bouillir de l'eau.	Le sang me bout.
Les écureuils montent au haut des arbres.	Victor était en troisième, il est monté en seconde.
Le domestique est descendu à la cave.	Napoléon Ier descendit du trône en 1815.

L'assassin était armé d'un poignard.	Armez-vous de courage et de patience.
On a désarmé l'officier de son épée.	J'étais en colère contre Jean; ses pleurs m'ont désarmé.
Madame Pagua secourt et console les pauvres.	Madame Pagua est la mère des pauvres.
Le maréchal Magnan ménage les soldats, pour lesquels sa sollicitude est grande.	Le maréchal Magnan est le père des soldats.
La paresse produit la misère.	La paresse est mère de la misère.
La misère est produite par la paresse.	La misère est fille de la paresse.
Le travail produit le bonheur.	Le travail est père du bonheur.
Le bonheur est produit par le travail.	Le bonheur est fils du travail.

QUATRE-VINGT-QUATORZIÈME LEÇON.

CONJUGAISON DE QUATRE VERBES IRRÉGULIERS.

Assaillir. | Echoir. | Exclure. | Pourvoir.

Indicatif.

Présent.

J'assaille *le fripon.*		J'exclus *Justin de la classe.*	Je pourvois *à tout.*
Tu assailles	Le payement de ce billet	Tu exclus	Tu pourvois
Il assaille	échoit.	Il exclut	Il pourvoit
N. assaillons		N. excluons	N. pourvoyons
V. assaillez		V. excluez	V. pourvoyez
Ils assaillent.		Ils excluent	Ils pourvoient

Passé indéfini.

J'ai assailli		J'ai exclu	J'ai pourvu
	Le bon lot nous est échu.		

Passé défini.

J'assaillis		J'exclus	Je pourvus
	Il échut		

Futur.

J'assaillirai		J'exclurai	Je pourvoirai.
	Il écherra.		

Conj. de même : Tressaillir.   Conj. de même : Conclure.

QUATRE-VINGT-QUINZIÈME LEÇON.

PRONOMS DÉMONSTRATIFS-CONJONCTIFS. — SUITE.

Vincent, amène trois élèves.
    fais semblant d'étrangler *celui qui* a les cheveux blonds.
    renvoie, en lui donnant un coup de pied, *celui que* j'ai grondé.
    donne 1 franc à *celui dont* tu as déchiré le livre.

René, montre des plumes.
    prends *celle qui* est sur le pupitre de Raffin.
    porte à Victor *celle que* je tiens.
    emprunte *celle avec laquelle* Jacques écrit.

Ceux de vous qui auront bien étudié, écriront bien lors des examens.

Mais *ceux qui* auront été paresseux, écriront mal.
Ceux de la conduite desquels on aura eu souvent à se plaindre, seront rendus à leurs familles.

Des dames sont venues.
Gustave a ouvert l'ombrelle de *celle qui* avait un chapeau blanc.
J'ai adressé la parole à *celles que* suivait un petit garçon.
Henri est sorti avec *celle à qui* M. le Censeur avait délivré un permis.

QUATRE-VINGT-SEIZIÈME LEÇON.

CONJONCTIONS *puisque* ET *comme*.

Votre ami vous a-t-il bien accueilli?
— Non.
Avez-vous besoin de quelque chose?
— Oui.
Désirez-vous vous instruire?
— Oh! oui, cher professeur.

Puisque votre ami ne vous a pas bien accueilli, ne retournez plus chez lui.
Puisque vous avez besoin de quelque chose, demandez-le avec confiance à M. le Directeur, et soyez certain qu'il vous l'accordera.
Puisque vous désirez vous instruire, il vous faut redoubler d'ardeur et de zèle au travail.

Je vous raconterai ce soir une jolie historiette, parce que vous avez bien écrit ce matin.
M. Pélissier se plaint beaucoup de Sylvestre, parce que, malgré ses recommandations, ce dernier continue à être paresseux.

Plus précis.
> *Comme* vous avez bien écrit ce matin, je vous raconterai ce soir une jolie historiette.
> *Comme* M. Pélissier a souvent recommandé à Sylvestre d'être laborieux, et que ce dernier continue à être bien paresseux, le professeur s'en plaint beaucoup.

QUATRE-VINGT-DIX-SEPTIÈME LEÇON.

PRONOMS INDÉFINIS *tout, nul, chacun*, etc.

Le ciel, la terre, la mer annoncent la gloire de Dieu.
Le vent, le tonnerre, le froid, le chaud, la pluie, le beau temps annoncent la puissance de Dieu.
Tout annonce la gloire et la puissance de Dieu. (Plus court.)
Tout arrive à temps à qui sait attendre.
Dieu seul peut *tout* prévoir.

Je mourrai, mais je ne sais quand.
Le pape mourra, mais il ne sait quand.
La famille impériale mourra, mais elle ne sait quand.
Nul ne sait l'heure de sa mort. (Plus court.)
Nul ne doit trahir ses amis.
Nul ne doit voler ni tuer.

Les laboureurs et les bergers vivent très simplement.
Les prêtres, les professeurs, les médecins vivent dans l'aisance.
Les juges, les préfets, les généraux vivent splendidement; ils donnent souvent des dîners et des soirées.
Tout le monde } vit selon son état et sa fortune.
Chaque personne}
Chacun vit selon son état et sa fortune. (Plus court.)
Chacun a ses goûts.
Chacun a ses défauts.
Il est juste de récompenser *chacun* suivant son mérite.

Si un élève vole, il sera renvoyé.
Si un maître vole, il sera renvoyé.
Si une domestique vole, elle sera renvoyée.
Etc.

Quiconque volera, sera renvoyé. (Plus court.)
Quiconque a assassiné, mérite la mort.
J'ai juré de vous protéger contre *quiconque* vous attaquerait.

On ne doit pas se réjouir du malheur de son frère, de son voisin, de son ami, de son ennemi, etc.
On ne doit pas se réjouir du malheur d'*autrui*. (Plus court.)
Il est défendu de détruire le bien d'*autrui*.
Ce parasite vit aux dépens d'*autrui*.

QUATRE-VINGT-DIX-HUITIÈME LEÇON.

Se garder, hésiter, décider, se disposer, avertir, etc.,
SUIVIS DE VERBES A L'INFINITIF.

Vous chancelez.
Gardez-vous de trébucher.

Mon neveu a { manqué de mourir.
{ failli mourir.

Mon père hésitait à venir à Paris.
Je l'y ai décidé.
Il me décidera à aller en Normandie.

Je vous autorise à lire la lettre que voilà.

Marc est bien malade.
Il se dispose à faire son testament.

Avertissez Augustin d'être plus prudent à l'avenir.

François suppliera M. le Censeur de ne pas le priver de sortie.
Il conjurera son professeur de lui pardonner.

L'empereur a daigné recevoir Monseigneur l'archevêque d'Aix.
Je dédaigne de parler aux gens malhonnêtes.

Je me hâterai de m'en aller à quatre heures.
Jean s'imagine avoir de l'esprit.
On a dissuadé Constance de se suicider.
Si Amory $\begin{Bmatrix} \text{persiste} \\ \text{s'obstine} \end{Bmatrix}$ à ne rien faire, il sera renvoyé.

Emile a honte d'avoir menti.
Il vaut mieux mourir que de pécher.
J'aime mieux être trompé que de tromper.
Vous me demandez pourquoi je suis triste ; il suffit de vous dire que je suis mécontent.

QUATRE-VINGT-DIX-NEUVIÈME LEÇON.

A condition que, soit que, quoique, etc.

Timothée se conduira toujours bien, et je ne cesserai de l'affectionner.
S'il se conduit mal, je ne l'affectionnerai plus.
Je donnerai ma bourse à Sara, et elle me donnera son panier.
Si elle ne me donne pas son panier, je lui reprendrai ma bourse.

J'affectionnerai Timothée, $\begin{cases} \textit{à condition qu'}\text{il se conduira bien.} \\ \textit{pourvu qu'}\text{il se conduise bien.} \end{cases}$

Je donnerai ma bourse à Sara, $\begin{cases} \textit{à condition qu'}\text{elle me donnera son panier.} \\ \textit{pourvu qu'}\text{elle me donne son panier.} \end{cases}$

6

Pleuvra-t-il demain? Ne pleuvra-t-il pas?

*Soit qu'*il pleuve, *soit qu'*il ne pleuve pas, j'irai à Versailles.
Soit que vous vous battiez, *soit que* vous désobéissiez à vos maîtres, vous serez punis.
Soit que vous soyez malades ou bien portants, donnez-moi de vos nouvelles.

Bien.
- Micas ne boite pas, et cependant il marche avec un bâton.
- Emile a travaillé toute l'étude, et cependant il n'a pu finir son devoir.
- Augustine est très jeune, et cependant elle est raisonnable et instruite.

Mieux.
- *Quoique* Micas ne boite pas, il marche avec un bâton.
- *Bien qu'*Emile ait travaillé toute l'étude, il n'a pu finir son devoir.
- *Encore qu'*Augustine soit très jeune, elle est raisonnable et instruite.

Le cheval est docile, *quoiqu'*il soit fort.
Dieu nous voit toujours et partout, *bien que* nous ne le voyions pas.
Encore que mon père soit vieux, il est alerte.

CENTIÈME LEÇON.

FIN DE L'ÉLISION. — SUITE DE L'EUPHONIE.

Si il.

*S'*il ne fait pas trop froid ce soir, j'irai à la promenade.
Je rosserai Jean et Emile, *s'*ils sont toujours mous et lents.

Exceptions.

Je ferais tuer ma chienne, si elle était méchante.

Si on vous fait du mal, il faut me le dire.

> moi. — m'
> toi. — t'

Auguste, tu as trouvé une bourse ce matin.
montre-la-moi.

Henri, je sais que tu as des billes.
prête-*m*'en, s'il te plaît.

Vincent, tu as des oranges.
offre-*m*'en trois, je te prie.

Gustave, tu as une mauvaise santé.
si tu n'as pas de remèdes, procure-*t*'en.

> beau — bel.
> nouveau — nouvel.
> vieux — vieil.

M. Rivière a un bel oiseau.
J'ai acheté un nouvel habit.
Alexis est mon vieil ami.

CENT UNIÈME LEÇON.

ÉTUDE DE MOTS PAR DÉRIVÉS.

Le sucre est bon.
Le général Petit eut des bontés pour moi.
Le vin, en vieillissant, se bonifie.
Cette terre est susceptible d'une grande bonification.

La viande de bœuf est meilleure que celle de vache.
Le caractère de Jean ne s'améliore guère.
Le médecin a constaté une amélioration dans l'état du malade.

Nous ne nous ennuyons pas.
On chasse l'ennui en s'occupant.
On fuit les gens ennuyeux.

Les enfants qui ne respectent pas leurs parents, sont maudits de Dieu et des hommes.
Ayez du respect pour les vôtres.
Soyez respectueux envers les vieillards.
On doit parler respectueusement à ses supérieurs.
M. Rateau est un homme respectable.

L'empereur nous protége.
Sa protection nous est précieuse.
Nous n'avons pas de plus puissant protecteur.

Jude se lève et se couche tard.
Cette habitude nuit à sa santé.
N'interrompez pas vos exercices habituels.
Romain s'enivre habituellement.
Habituez-vous à supporter le froid et le chaud.

Dieu bénit les personnes qui pratiquent la vertu.
Demandons-lui ses bénédictions.

Ne cessez point de satisfaire vos maîtres.
J'éprouve une douce satisfaction en me trouvant avec vous.
Je ne suis pas satisfait de la conduite d'Emile.
Henri et Auguste font des progrès satisfaisants.

Pourquoi serait-on mécontent de moi?
Paul mécontente tout le monde par sa légèreté excessive.
Ne donnez à personne le moindre sujet de mécontentement.

On a puni le traître comme il le méritait.
L'assassinat et l'empoisonnement sont des crimes punissables de mort.
Il faut proportionner la punition aux fautes.
Cette action est trop noire pour demeurer impunie.

On ne désobéit pas à la loi impunément.
L'impunité enhardit au mal.

Le sage n'a pas peur de la mort.
Julien a les yeux mourants.
M. Chobert est mort d'une fluxion de poitrine.
Le corps est mortel.
L'âme est immortelle.
Un chasseur s'est blessé mortellement.
La mortalité est, à Paris, de trois sur cent.
L'enseignement des sourds-muets a immortalisé l'abbé de l'Epée et l'abbé Sicard.
Les anciens ne croyaient pas à l'immortalité de l'âme.

CENT DEUXIÈME LEÇON.

PHRASES ELLIPTIQUES.

Si vous êtes sages et que vous travailliez bien, vous serez heureux.
Si vous violez la loi de Dieu et que vous dédaigniez de secourir vos parents, vous serez maudits et méprisés.
S'il neigeait et qu'il fît très froid, bien des oiseaux mourraient.
Ce matin, si le temps avait été beau et que j'eusse été libre, je serais allé à la campagne.
Quoique M. Bonnefous soit souffrant et qu'il ait besoin de se soigner, il est venu faire sa classe.
Bien que M. Alard soit attaché à l'Institution depuis longtemps, et qu'il remplisse ses fonctions avec exactitude, il gagne encore peu.
J'exige que Massias soit attentif, sinon / ou bien / ou } qu'il sorte d'ici.

CENT TROISIÈME LEÇON.

CONJUGAISON DE TROIS VERBES IRRÉGULIERS.

Déchoir.	Prévaloir.	Valoir.
	Indicatif.	
	Présent.	
Je déchois.	Je prévaux sur mon adversaire.	Je vaux plus que Nestor.
Tu déchois.	Tu prévaux	Tu vaux
Il déchoit.	Il prévaut	Il vaut
N. déchoyons.	N. prévalons	N. valons
V. déchoyez.	V. prévalez	V. valez
Ils déchoient.	Ils prévalent	Ils valent
	Passé indéfini.	
Je suis déchu.	J'ai prévalu	J'ai valu
	Passé défini.	
Je déchus.	Je prévalus	Je valus
	Futur.	
Je décherrai.	Je prévaudrai	Je vaudrai
	Présent du subjonctif.	
	Que je prévale	Que je vaille
	Que tu prévales	Que tu vailles
	Qu'il prévale	Qu'il vaille
	Que n. prévalions	Que n. valions
	Que v. prévaliez	Que v. valiez
	Qu'ils prévalent	Qu'ils vaillent

CENT QUATRIÈME LEÇON.

ACCORD DU PRONOM RELATIF AVEC SON ANTÉCÉDENT OU AVEC LE DERNIER MOT.

Auguste, demande à Vincent et à Henri si ce sont eux qui balaient le dortoir cette semaine.	Vincent, Henri, est-ce vous qui balayez le dortoir cette semaine ?	Non, mon ami, ce sont François, Pierre et Martin.
Demande à Castelli si c'est lui ou Emile qui a rempli les encriers.	Castelli, est-ce toi ou Emile qui a rempli les encriers ?	C'est Emile.
Dis-lui que c'est toi qui eus l'année dernière le prix de calcul. Demande-lui si c'est lui ou Victor qui eut celui d'histoire sainte.	J'eus l'année dernière le prix de calcul. Est-ce toi ou Victor qui eut celui d'histoire sainte ?	C'est moi.
Demande-lui quel est celui de vous, qui eut le prix de langue française.	Quel est celui de nous, qui eut le prix de langue française ?	C'est Edouard.
Demande-lui si c'est M. Orsoni ou moi, qui vous avons fait la classe la première année de votre arrivée.	Est-ce M. Orsoni ou M. Chambellan, qui nous a fait la classe la première année de notre arrivée ?	Ce n'est ni l'un ni l'autre. C'est M. Dubois.
Demande-lui si ce sont ses parents, son département ou l'Etat qui paie ici pour lui.	Sont-ce tes parents, ton département ou l'Etat qui paie ici pour toi ?	Mes parents paient 31 fr. par mois ; l'Etat fait le reste.
Dis-lui que c'est toi qui copies les leçons sur mon cahier ce mois-ci. Demande-lui si c'est lui qui devra le faire le mois prochain.	Je copie les leçons sur le cahier de M. le professeur ce mois-ci. Est-ce toi qui devras le faire le mois prochain ?	Non. Ce sera le tour d'Albert.

CENT CINQUIÈME LEÇON.

FORMES PARTICIPES. — INTRODUCTION.

Borel ne peut venir nous voir aujourd'hui, partant pour Saint-Pétersbourg.	Borel ne peut venir nous voir aujourd'hui, parce qu'il part pour Saint-Pétersbourg.
Borel n'a pu venir nous voir hier, étant parti pour Saint-Pétersbourg la semaine dernière.	Borel n'a pu venir nous voir hier, car il est parti pour Saint-Pétersbourg la semaine dernière.
Borel vient prendre congé de nous, devant partir après-demain pour Saint-Pétersbourg.	Borel doit partir après-demain pour Saint-Pétersbourg, voilà pourquoi il vient prendre congé de nous.

CONJUGAISON.

Présent.

Ayant de l'argent.	*Étant* sage, encouragé	*Nettoyant, embellissant, recevant, sachant, arrivant, se promenant.*

Passé.

Ayant eu	*Ayant été*	*Ayant nettoyé, embelli, reçu, su, étant arrivé, s'étant purgé.*

Futur.

Devant avoir	*Devant être*	*Devant nettoyer, embellir, recevoir, arriver, se marier.*

CENT SIXIÈME LEÇON.

DÉVELOPPEMENT DE LA PRÉCÉDENTE.

Napoléon Ier, étant consul, fit du bien à la France.	Napoléon Ier fit du bien à la France, {pendant qu'il était consul. / pendant son consulat.}
Arrivant chez mon père il y a quatre ans, je le trouvai gravement malade.	Il y a quatre ans, quand j'arrivai chez mon père, je le trouvai gravement malade.
Louis-Napoléon, ayant été président de la répuplique trois ans, fut élu empereur.	Après avoir été président de la république trois ans, Louis-Napoléon fut élu empereur.
M. Curé, ayant obtenu la majorité des suffrages, a été proclamé député.	Comme M. Curé a obtenu la majorité des suffrages, il a été proclamé député.
On s'enrichit peu à peu en économisant.	On s'enrichit peu à peu par les économies qu'on fait.
Je vous ai rencontrés en me promenant.	Je vous ai rencontrés, pendant que je me promenais.
Je vous ai rencontrés, vous promenant.	Vous vous promeniez, quand je vous ai rencontrés.
Je regarde M. Lamothe écrivant sur le tableau.	Je regarde M. Lamothe qui écrit sur le tableau.
Hier, j'entrai dans le jardin, et je vis le jardinier bêchant.	Hier, j'entrai dans le jardin, et je vis le jardinier qui bêchait.
Allez dans la salle de dessin, vous trouverez Blanchet peignant le portrait de Collot.	Allez dans la salle de dessin, vous trouverez Blanchet qui peint le portrait de Collot.

6*

Je connais une dame étant toujours de bonne humeur, ayant un soin admirable de son ménage et de l'éducation de ses enfants, obligeant chacun quand elle le peut.

Voilà un élève laborieux, ayant été fort appliqué dans le courant de l'année, ayant fait des progrès remarquables, ayant eu des inscriptions nombreuses au cadre d'honneur.

M. le directeur a pris un domestique intelligent et actif, devant travailler du matin au soir, avoir soin de tout, être poli envers tous et estimé de tous.

Ma mère, étant paralytique, ne sort jamais.
Le professeur d'écriture, étant arrivé tard, n'a pu donner sa leçon.
M'étant assis à côté de Manuel, j'ai eu avec lui une petite conversation.
Ayant reçu l'ordre de se rendre à Lyon, M. Maillères se mettra en route ce soir.
Apprenant la mort de son fils, M. Villemot frissonna, s'évanouit, et resta longtemps sans connaissance.

CENT SEPTIÈME LEÇON.

CONVERSATION ENTRE MADAME GOULLIER ET UN ÉLÈVE QUI VA PARTIR POUR LES VACANCES.

MADAME GOULLIER.

Cher Etienne, je suis heureuse d'avoir eu un moment disponible pour venir causer un peu avec vous.
Depuis quand êtes-vous de la classe de troisième année? qui vous la fait?

ÉTIENNE.

Je suis de cette classe depuis le 1er octobre dernier. Mon professeur est M. Chambellan. Ne connaissez-vous pas ce maître?

MADAME GOULLIER.

Non, mais j'en ai entendu parler. Etes-vous moins avancé cette année?

ÉTIENNE.

Au contraire, Madame, je suis beaucoup plus avancé, ayant bien mieux profité des leçons qui m'ont été données.

MADAME GOULLIER.

Je vous en fais mon compliment. Quand l'Institution sera-t-elle en vacances?

ÉTIENNE.

Dans dix-huit jours.

MADAME GOULLIER.

Espérez-vous avoir des prix?

ÉTIENNE.

Oui, Madame, car je me suis constamment appliqué à remplir mes devoirs.

MADAME GOULLIER.

Quand partirez-vous pour votre pays?

ÉTIENNE.

Immédiatement après la distribution des prix, fixée au 12 août. Viendrez-vous voir ma famille?

MADAME GOULLIER.

Je ne puis m'absenter de Paris cette année. Qui viendra vous chercher?

ÉTIENNE.

Je crois partir seul. J'ai assez d'argent pour faire le voyage.

MADAME GOULLIER.

Comment pensez-vous partir?

ÉTIENNE.

D'abord par le chemin de fer, puis par le bateau à vapeur, enfin par la diligence ou à pied.

MADAME GOULLIER.

Que ferez-vous chez vos parents?

ÉTIENNE.

Je travaillerai dans les champs, je vendangerai, je m'amuserai et me promènerai avec mes frères et mes sœurs. J'aurai aussi soin de repasser chaque jour plusieurs de mes leçons.

MADAME GOULLIER.

Sera-t-on content de vous?

ÉTIENNE.

Je l'espère, d'autant plus que je serai sage et poli.

MADAME GOULLIER.

Jusqu'à quand resterez-vous en Corse?

ÉTIENNE.

Jusqu'aux premiers jours de novembre.

MADAME GOULLIER.

Comment reviendrez-vous?

ÉTIENNE.

Sans doute par la même voie. Et sitôt que je serai de retour, j'irai vous voir.

MADAME GOULLIER.

Je vous recevrai toujours avec le plus grand plaisir, car je vous aime comme mon fils.

MADAME GOULLIER.

Lors de la prochaine rentrée, aurez-vous le même professeur?

ÉTIENNE.

Non. Je passerai dans la classe de quatrième année, confiée à M. Lenoir.

CENT HUITIÈME LEÇON.

FIN DE L'EUPHONIE.

Je ne sais pas où l'on ira se promener.
Si l'on vient me demander, dites que je ne suis pas libre.
Croyez-vous ce que l'on vient de nous annoncer?
Le militaire, à qui l'on a offert une épée d'honneur, est fort intrépide.
M. Dulorié ira-t-il à Rome?
— Oui, il ira (*y* rejeté).

Exceptions.

Martial a bon cœur, mais si on le contrarie il frappe tout ce qui l'entoure.
Votre lettre est bien écrite. J'espère qu'on la lira avec plaisir.

CENT NEUVIÈME LEÇON.

Bénir, absoudre ET *dissoudre* ONT DEUX PARTICIPES.

J'ai apporté de l'église du pain bénit. de l'eau bénite.	Soyez bénie de Dieu, famille pieuse. Sont bénis les rois qui chérissent leurs peuples.
N... est un criminel absous (Mieux absout).	Les pénitents absouts peuvent s'approcher de la table sainte.
Le corps des officiers de ce régiment a été dissous (mieux dissout).	La garde nationale de Rouen a été dissoute.

CENT DIXIÈME LEÇON.

QUESTIONS DIVERSES. — EXERCICE DE JUGEMENT.

Mes jeunes amis, vous connaissez le petit Luc. C'est un enfant bien gentil. Il a de beaux habits, une jolie casquette et des souliers vernis. Mais il fait de la peine à ses parents, il désobéit à ses maîtres, il se bat avec ses camarades, il se moque des malheureux.

Paul est un autre petit garçon beaucoup moins gentil. Il est vêtu de bure, sa casquette est usée, ses sabots sont troués. Mais il chérit ses parents, obéit à ses supérieurs, ne fait point de mal à ses petits amis ; il respecte les vieillards, il a pitié des pauvres, il console les affligés.

Que préférez-vous, la beauté du corps ou la beauté de l'âme ?

François, comment trouves-tu Castelli ?
— Je le trouve intéressant.
Crois-tu qu'il ne deviendra pas instruit ?
— Pardon, Monsieur, car il paraît assez intelligent.
Que penses-tu d'Alfred ?
— Il a la conception prompte et facile. Malheureusement il est fort paresseux, ce qui l'empêche de faire des progrès satisfaisants.
Comment juges-tu Emile ?
— Emile est bon, mais timide et peu intelligent. Néanmoins, s'il fait ses efforts, il pourra écrire passablement.

Louis, que penses-tu d'une personne qui prie Dieu tous les jours ?
— Cette personne aime Dieu, elle le craint, elle n'oublie pas ses bienfaits, elle est pieuse.
Et d'une personne qui ne fait point ses prières ?
— Cette personne n'aime pas Dieu, elle ne le craint point, elle est impie et bien coupable.
Que penses-tu d'un enfant qui secourt ses vieux parents ?
— Cet enfant a bon cœur, il est reconnaissant. Sa conduite est louable.
Et d'un enfant qui abandonne les siens à la misère ?

— Cet enfant-là a un cœur fort mauvais, il est ingrat et méprisable. Ses parents n'auraient pas dû se soucier de lui.
Gordien est riche. Cependant il ne donne rien aux pauvres, et il se prive lui-même du nécessaire. Comment le juges-tu?
— Il est sec, froid, insensible, avare et indigne de sympathies.

Rupert, as-tu encore ton père et ta mère?
— Non, je ne les ai plus; je suis orphelin.
Quel âge avais-tu lors de leur mort?
— Je ne les ai jamais connus. J'étais en bas âge.
Quel était leur état?
— On m'a dit qu'ils étaient propriétaires.
T'ont-ils laissé quelque chose?
— Ils m'ont laissé 35,000 francs.
Où est cet argent?
— Il est placé en rentes sur l'Etat.
Tous les propriétaires sont-ils riches?
— Il y en a de gênés comme il y en a d'opulents.
Dis-moi comment on peut devenir riche ou acquérir une certaine aisance.
— Avec de l'ordre et des économies.
Où va un homme qui gagne quatre francs par jour et qui en dépense sept?
— Cet homme imprévoyant et prodigue court à sa ruine.
Que penses-tu d'une femme qui gagne 2 francs par jour et qui met 75 centimes de côté?
— Cette femme prévoyante et économe pourra amasser, au bout de quelques années, un assez joli petit capital, qui, dans ses vieux jours, la mettra à l'abri du besoin.

Jacques, que peut celui qui a un gros revenu?
— Il peut dépenser beaucoup, faire du bien, ou faire de grandes économies.
Que peut celui qui a appris un métier?
— Il peut gagner honorablement sa vie, s'il est adroit et habile.
Que veut celui qui est malade?
— Il veut guérir.
Que veut celui qui est curieux?

— Il veut tout connaître et tout voir.
Que ne veut pas celui qui est pacifique ?
— Il ne veut pas se disputer.
Que doit faire celui qui veut comprendre ?
— Il doit réfléchir.
Que doit faire celui qui veut conserver sa santé ?
— Il doit se ménager, être sobre et propre.
Que doit faire celui qui ne veut pas s'égarer ?
— Il doit ne pas passer dans des endroits inconnus, ou demander son chemin, s'il ne le reconnaît plus.
Que veut celui qui est entêté ?
— Il veut que chacun fasse sa volonté.
Que doit faire celui qui veut être estimé ?
— Il doit se conduire d'une manière honnête et raisonnable.

Aubin, qu'est-ce qu'un sourd-muet ?
— C'est celui qui n'entend ni ne parle.
Il est vrai que le sourd-muet n'entend pas, mais il communique ses pensées à ses semblables. Comment fait-il alors ?
— Il parle par signes, par écrit ou par la dactylologie.
Que faut-il faire pour se bien faire comprendre par l'écriture ?
— Il faut observer les règles de la langue nationale, bien choisir *ses* mots et *ses* expressions.
Dis-moi, je te prie, ce que c'est que la langue nationale.
— C'est celle que la nation ou le peuple, avec lequel on vit parle et entend.
Ecris-tu bien le français ?
— Assez bien, mais il y a trop peu de temps que je l'étudie pour pouvoir m'exprimer comme un homme.

Médard, dis du bien d'un maître.
— M. Coldefy est actif et exact, il nous surveille bien, et nous fait bien les répétitions.
Dis du mal d'un élève.
— Charles est susceptible et rancunier, il se venge, il calomnie. C'est un enfant dangereux.

Faustin, défends Charles.
— Charles est bon et doux ; il aime à s'amuser avec ses

camarades, auxquels il prête ses joujoux de bonne grâce. On l'a donc bien mal jugé.

Si un loup accourait à toi, comment te sauverais-tu ?
— Loin de m'alarmer, je l'attendrais de pied ferme, je lui enfoncerais le poing dans la gueule, et je l'étoufferais ainsi.

Ou bien

Si j'étais près d'un arbre, j'y grimperais avec la rapidité d'un écureuil, et je n'en descendrais qu'après le départ de la bête féroce.

Si le feu prenait à tes vêtements, comment essaierais-tu de l'éteindre ?
— Je les serrerais ; je ne les agiterais point, de peur d'alimenter les flammes. Le plus sûr moyen, ce serait peut-être de me jeter immédiatement dans l'eau, bien que je pusse y gagner un gros rhume ou une fluxion de poitrine. Mais entre deux extrémités, il faut savoir s'abandonner au hasard.

FIN.

TABLE DES MATIÈRES

Lettre de M. le Ministre de l'Intérieur et note de l'auteur . . . . Page v
Quelques conseils a propos de la rentrée des classes. 7

Numéros des leçons.

1 Leçon en action. — Adverbes et locutions adverbiales *solidement, brusquement, alternativement, à la dérobée, à l'envers, de travers, bras dessus dessous, sens devant derrière, sens dessus dessous, à qui mieux mieux*, etc. — Pronom distributif *chacun*.

2 Dénominations de parties : *le devant, le haut, le dessus, le dessous*, etc.

3 Conjugaison des verbes *craindre, mourir, naître* et *vivre*.

4 Le professeur interroge Couderc sur sa famille, etc.

5 Principales terminaisons des substantifs masculins et des substantifs féminins.

6 On n'emploie pas l'adjectif possessif, lorsque le verbe pronominal est suivi d'un régime.

7 Suite du pronom *en*. — Pronom *y*.

8 Conjugaison des verbes *croire, cueillir, mentir* et *rire*.

9 Conversation entre le professeur et un élève.

10 Etude de mots par dérivés.

11, 12, 13 Phrases elliptiques.

14 Conjugaison des verbes *dire, coudre, se repentir* et *suivre*.

15 *Lequel, laquelle, lesquels, lesquelles,* interrogatifs.

16 Substantifs des deux genres.

17 On met la particule *de* devant l'adjectif qualificatif, qui précède le substantif pris dans un sens indéterminé ou partitif.

Numéros des leçons.

18 Formation du pluriel dans les substantifs *bal*, *ail*, *soupirail*, *ciel*, *monseigneur*.
19 Prépositions et locutions prépositives *dès*, *envers*, *durant*, *à cause de*, *en présence de*, *au moyen de*, *à l'abri de*, *au travers de*, *afin de*, *par-dessous*, *par-dessus*.
20 Conjugaison des verbes *fuir*, *haïr*, *moudre* et *servir*.
21 Etude de mots par dérivés.
22 Le professeur interroge sur diverses choses.
23 Ellipse du substantif auquel se rapporte un adjectif.
24 Adverbes et locutions adverbiales de lieu *ailleurs*, *quelque part*, *nulle part*, *de toutes parts*, *de part et d'autre*.
25 Locutions vicieuses corrigées.
26 Noms de quantité.
27 *Penser*, *encourager*, *s'exercer*, *rester*, *se plaire*, *chercher*, *pousser*, *exciter*, *porter*, *entreprendre*, *être dégoûté*, ayant pour régimes des verbes à l'infinitif et des substantifs tirés de ces verbes.
28 Adjectifs qui, de leur nature, expriment un comparatif.
29 Locutions interrogatives *qui est-ce qui*, *qui est-ce que*, *qu'est-ce qui*, *qu'est-ce que*.
30 Adjectifs, noms, etc., employés unipersonnellement.
31, 32 Conditionnel. — Introduction. — Conjugaison. — Développement.
33 Etude de mots par dérivés.
34 Prépositions *excepté* et *malgré*. — Locution prépositive *au lieu de*.
35 Deux élèves causent ensemble.
36 *Conseiller*, *s'empresser*, *tarder*, *être étonné*, *prendre garde*, *oublier*, *aider*, *craindre*, *négliger*, *forcer*, *exhorter*, *charger*, *pardonner*, *demander pardon*, *remercier*, *se repentir*, suivis de verbes à l'infinitif.
37 Adverbes et locutions adverbiales *environ*, *suffisamment*, *tout à fait*, *presque*, *tantôt*, *tout de suite*, *davantage*, *seulement*, *non-seulement*, *également*, *non plus*, *au contraire*, etc.
38 Idiotismes *tant mieux*, *tant pis*.
39 *Que* restrictif.

Numéros des leçons.

40 Conjugaison des verbes *acquérir*, *s'enfuir*, *prévoir* et *vaincre*.
41 Conjonctions *cependant*, *néanmoins*, *pourtant*, *toutefois*.
42 Régimes des verbes *ressembler*, *plaire*, *nuire*, *survivre*, *substituer*, *comparer*, *préférer*, *succéder*, *joindre*, *proportionner*, *venger*, *profiter*, etc.
43 Expressions proverbiales.
44 Etude de mots par dérivés.
45 Alfred répond aux questions du professeur.
46 Conjugaison des verbes *bouillir*, *croître*, *résoudre* et *vêtir*.
47 Locutions adverbiales *de plus en plus*, *de moins en moins*, *de mieux en mieux*, *de pis en pis*, etc.
48 Adjectifs ayant des verbes pour régimes. — Emploi de quelques idiotismes.
49 Passé de l'impératif.
50 Substantifs collectifs.
51 Formules de politesse.
52 Adjectifs indéfinis *tel*, *quelconque*, *certain*.
53 Verbes pronominaux employés dans le sens passif.
54, 55, 56 Subjonctif. — Introduction. — Conjugaison, au présent ou au futur et au passé, des verbes *avoir* et *être*, des verbes réguliers en *er*, *ir*, *oir* et *re* et des verbes dont la terminaison ne suit pas la règle générale. — Développement.
57 Charles et Gilbert répondent aux questions qui leur sont adressées.
58 Locutions conjonctives *depuis que*, *jusqu'à ce que*, *pour que*, *avant que*, *tandis que*, *dès que*.
59 Expressions figurées.
60 Etude de mots par dérivés.
61, 62, 63, 64, 65 Pronoms conjonctifs *à qui*, *auquel*, *à laquelle*, *auxquels*, *auxquelles*, *de qui*, *duquel*, *de laquelle*, *dont*, *par qui*, *pour qui*, *sous lequel*, *dans laquelle*, *où*, *d'où*.
66, 67 Verbes et adjectifs qui demandent toujours l'emploi du subjonctif.
68 Verbes et adjectifs qui ne demandent cet emploi, que quand la proposition principale est interrogative ou négative.

Numéros des leçons.

69 Conversation entre Victor et son père qui vient le voir.
70 Conjugaison des verbes *dissoudre, maudire, mouvoir* et *paître*.
71 Pronoms démonstratifs-conjonctifs *ce qui, ce que ce dont*.
72 Adverbes et locutions adverbiales *probablement, certainement, sans doute, bien volontiers, de bon cœur, à regret, d'accord, soit*, etc.
73 Noms de multiples et de fractions.
74 Application de la règle générale à l'emploi du participe. — 1re récapitulation.
75 Etude de mots par dérivés.
76 Sens propre, sens figuré.
77 Conjugaison des verbes *éclore, frire, médire* et *nuire*.
78 Adverbes et locutions adverbiales de temps *alors, dorénavant, jadis, auparavant, le lendemain, le surlendemain, la veille, l'avant-veille*, etc.
79, 80 Imparfait et plus-que-parfait du subjonctif. — Introduction. — Conjugaison. — Développement.
81 Dialogue entre Pascal et un tailleur.
82 Régimes de quelques adjectifs.
83 Prépositions et locutions prépositives *outre, moyennant, selon, de peur de, à l'égard de, à l'exception de, à l'insu de, au-dessus de, au-dessous de, à force de*, etc.
84 Conjugaison des verbes *défaillir, faillir, suffire* et *traire*.
85 Locutions interrogatives *est-ce..., n'est-ce pas, est-ce que..., est-ce..., qui*.
86 Etude de mots par dérivés.
87, 88, 89 Formes infinitives.
90 Conjonctions et locutions conjonctives *tantôt, sinon, car, donc, ou bien, soit... soit... selon que, sans que, ainsi que, de peur que*, etc.
91 Conversation entre François et un vieil ami de sa famille, qui arrive de son pays.
92 Adverbes et locutions adverbiales *apparemment, vraiment, exprès, volontairement, graduellement, subitement, sur-le-champ, à la hâte, par force, par erreur*, etc.

Numéros des leçons.

- 93 Sens propre, sens figuré.
- 94 Conjugaison des verbes *assaillir*, *échoir*, *exclure* et *pourvoir*.
- 95 Pronoms démonstratifs-conjonctifs *celui qui, celle que, celui dont, celle avec laquelle,* etc.
- 96 Conjonctions *puisque* et *comme*.
- 97 Pronoms indéfinis *tout, nul, chacun, quiconque, autrui*.
- 98 *Se garder, hésiter, décider, se disposer, avertir, supplier, conjurer, daigner, dédaigner, s'imaginer, dissuader, s'obstiner, avoir honte, valoir mieux, aimer mieux, suffire, manquer, autoriser,* suivis de verbes à l'infinitif.
- 99 *A condition que, pourvu que, soit que, quoique,* etc.
- 100 Fin de l'élision. Suite de l'euphonie.
- 101 Etude de mots par dérivés.
- 102 Phrases elliptiques.
- 103 Conjugaison des verbes *déchoir, prévaloir* et *valoir*.
- 104 Accord du pronom relatif avec son antécédent ou avec le dernier mot.
- 105, 106 Formes participes. — Conjugaison. — Développement.
- 107 Conversation entre Madame Goullier et un élève qui va partir pour les vacances.
- 108 Fin de l'euphonie.
- 109 *Bénir, absoudre* et *dissoudre* ont deux participes.
- 110 Questions diverses. — Exercice de jugement.

FIN DE LA TABLE.

Paris. — Typographie de Ch. Meyrueis et Cie, rue des Grès, 11.

www.ingramcontent.com/pod-product-compliance
Lightning Source LLC
Chambersburg PA
CBHW060136100426
42744CB00007B/807